JN261819

幼稚園・保育園で人気の
創造性を育む
音楽あそび・表現あそび
毎日の活動から発表会まで

須崎朝子・林加奈 著　　深見友紀子 監修

音楽之友社

はじめに

　この本は、幼稚園・保育園の子どもたちの創造性を豊かに育む音楽あそび・表現あそびのアイディアを紹介したものです。紹介しているあそびは、いずれも著者たちが子どもたちと活動を共にするなかで、子どもたちによって選ばれてきた人気のあそびばかりです。

　あそびにはルールがありますが、そのルールはいつでも変更可能な、弾力性に富むものです。子どもたちのアイディアによってあそびが発展したり、まったく別のあそびに変わってしまうこともあります。はじめは保育者に言われるままにあそびに参加していた子どもたちも、あそびのなかで経験を積むにつれ、新しいルールを提案することや、自分なりの表現方法を見つけて創作することができるようになっていきます。このように子どもたちが主体的に活動するあそびには、創造性の芽が含まれていると言ってよいでしょう。

　それでは、子どもたちの創造性を育むために、あそびのなかで保育者はどのような工夫をしたらよいのでしょうか？　著者たちも、日頃から子どもたちとの活動において、即興的に新しい音楽やおはなしを作って楽しんでいますが、はじめから何の困難や障壁もなく、円滑に活動が進められたわけではありませんでした。さまざまな成功や失敗の要因を分析するうちに、子どもたちの興味を持続させ、創造性を育むための方法論のようなものがある、ということがわかってきました。子どもたちの反応はとても素直です。おもしろくないと思えば、何となく散漫になりますし、おもしろいと思えば、小さな子どもでも驚くほど長時間、集中して取り組みます。子どもたちの意欲を刺激するために、子どもたちがわくわくするような設定を考えたり、関心を持っている題材を取り上げたり、いろいろな道具や楽器を使うようにアレ

ンジすることが大切です。保育者は演出家のように、いろいろな"種"や"仕掛け"を用意する必要があるのです。

　本書では、創作活動へとつながる音楽あそび・表現あそびについて具体的手順を示し、即興的な表現に慣れていない保育者でも、子どもたちとともに楽しむことを目指しました。保育者自身が「音楽すること」「表現すること」を楽しめるよう、簡単に取り組める手法で全体を構成しています。比較的ルールがはっきりした取り組みやすいあそびから、より自由度の高いオリジナル作品づくりへと歩みが進められるよう、系統立ててあそびを配列してあります。本書を参考に、最初は記述どおりの手順でやってみて、子どもたちの反応を見ながら、自分なりのオリジナルなプログラムを組み立てるようにするとよいのではないかと思います。

　即興的に繰り広げられる表現活動には、これが正解というものは存在しません。まず、保育者自身が子どもたちとの活動を楽しんでください。子どもたちとの活動で大切なことは、「子どもたちのアイディアを否定することなく受け止め、子どもたちの自己肯定感を大切にする」ということです。人は肯定されるという期待や信頼感があるからこそ、自分の考えを他者に投げかけようとするのです。その基本的な姿勢さえ忘れなければ、子どもたちはきっと自分のアイディアを、さまざまな表現方法であなたに披露してくれることでしょう。この本が、「自分のアイディアを形にできる」という子どもたちの自信と創造性を育む一助となることを願っています。

　2012 年 1 月

須崎朝子・林加奈

推薦のことば

京都女子大学教授　深見友紀子

　保育者養成機関で学ぶ皆さん、幼稚園、保育園で働く皆さん、保育音楽の専門家の方々、音楽教育にかかわる方々にこの本をお薦めします。

　日常の生活やあそびのなかで音と触れ合わせたい、そこで生まれる幼児のささやかな表現をより創造的な音楽活動へと発展させたい——これは、保育音楽にかかわる方々の切なる願いです。ところが、ほとんどの養成機関では、ピアノや弾き歌いの実技教育に多くの時間が割かれ、子どもの原初的な音楽表現に寄り添い、より高次なものへと導く力を十分に伸ばせないのが現状です。一方、保育現場においても、日々の園生活での音楽活動とはあまり関係なく、発表会などの行事のための合奏、劇の練習が行われ、"見せるための"音楽演奏が行われています。

　こうした状況の下、私が勤務する京都女子大学発達教育学部児童学科では、"子どもと一緒に、音・音楽であそぶ"ことができる保育者の育成を目指して、いくつかの授業を開講してきました。本書の執筆者、林加奈さん、須崎朝子さんは、そのなかの一つの授業を担当した二人です。

　林さんは大学および大学院で油画を学び、卒業後は音楽を含む幅広い活動をしているアーティストです。一方の須崎さんは、演劇の即興性をテーマに博士論文を書いた音楽教育家であり、かつピアノ・リトミックのレスナーです。音楽活動をしているが、必ずしも音楽（教育）の専門家ではない林さんと、演劇教育に通じた異色のレスナーである須崎さんのコンビによる授業から生まれたのが本書です。

　近年、林さんのようなプロのアーティストたちが子どもの集まる場所でワークショップを開くのは珍しいことではなくなり、全国各地の子どもたちに大きな影響を与えるまでになりました。しかし、アーティスト側にとって自身の活動に継続性はあっても、子どもたちにとってそれらのワークショップは単発的な出来事に過ぎない場合がほとんどです。

　そこで、林さんと須崎さんには、授業に新しい風を入れるだけではなく、学生たちと一緒にひとつひとつの事例の有効性を検証し、共に問題点を考え、それぞれの事例を子どものトータルな育ちという観点から構造化してほしいとお願いしました。この二人が授業を始めたのは2006年でしたので、6年間の蓄積の成果が本書となって実を結んだことになります。

　刊行に至るまでの間には紆余曲折がありました。学生たちに好評だった「ダンス指揮」(p. 62〜64)を中心に、第2章の内容を深く解説してほしいと思った時期もありましたが、彼女たちのゴールが即興表現を含んだオリジナル作品づくり(第4章)であったことから、最終的に広く4章構成とすることになりました。

　第1章「身体と声であそぼう」では、身体と声だけですぐに取り組めるあそびをまとめました。音楽が不得意な保育者でも現場ですぐに活用でき、また、養成機関ではそれぞれの項目をグループ学習でさらに発展させることができると思います。

　第2章「楽器であそぼう」では、(園にある)楽器を最大限使用することを目標に、楽器あそびの事例を集めました。おなじみの楽器類やおもちゃ楽器と、どんぐり、ピンポン玉、ボウルなど、楽器ではないモノが同列に扱われているのも特徴です。日常の楽器あそびからアンサンブル演奏に導くため

のコツや、子どもたちが自由に楽器であそぶうちに音楽の要素を理解する方法がわかると思います。

　第3章「おはなしであそぼう」では、親子（保護者と子ども）で楽しむことを基本としている絵本を、保育現場において大勢の子どもたちが共有するためのアイディアや、絵本の読み聞かせに効果音をつけて楽しむ方法、さらにワンフレーズの作曲、簡単な伴奏のつけ方などを説明しています。伴奏をつける際には、電子キーボードの自動演奏機能を活用しました。ほとんどの学生はこの自動演奏機能を知りませんが、ごく簡単に操作方法を説明すると、鍵盤力が乏しい学生でも積極的に取り組むようになります。皆さんに慣れ親しんでいただきたい電子楽器の機能です。

　第4章「オリジナル作品をつくってみよう」は第3章の応用編であり、林さんと須崎さんが最も取り組みたかった部分です。子どもたちのアイディアを生かし、時に造形の要素も加えて、しかもわずかな準備期間で実現できる発表の方法を掲載しました。出来上がった絵を適当にシャッフルし、紙芝居にする方法、2つあるいは3つのコードをバックに、つぶやきからメロディーをつくっていく方法は小学校の音楽の授業でも活用できると思います。結果としての作品ではなく、出来上がっていくまでのプロセスに是非注目してください。

　林さんと須崎さんは、話し言葉と歌との中間にあるものを大切にし、両者を区別していません。また、日常の活動「ケ」と発表会「ハレ」を別のものとしてとらえていません。演奏と即興演奏も「再現できるか」「再現できないか」という点でのみ区別できるとし、即興演奏は難しいという先入観を取り払おうとしています。また、電子キーボードやおもちゃ楽器の事例からわかるように、「アコースティックなもの」と「電子的なもの」、「高級なもの」と「キッチュなもの」を区別することもないのです。

　全4章を通じて彼女たちの思いをまとめると次のようになると思います。

　子どもの日々の気づきや感動、音への探求を保育者や周りの子どもたちがキャッチする。子どもの話し言葉や断片的な音楽表現を保育者や周りの子どもたちが認め合う。保育者がそれらを拾い上げ、歌うこと、楽器を演奏することに結びつける。最終的には仲間のなかで表現し、観客の前で発表することを通じて、共有、共感し合う。

　ただ私は、1人の音楽家として、その向こうに歌や楽器の練習に夢中になる子どもが存在してほしいと願っています。子どものトータルな育ちを支える視点と音楽的な視点は必ず共存できるはずです。歌が上手くなるうれしさ、演奏が上達する喜び──昨今の保育音楽は、子どものそうした努力や成功体験の意義を忘れてしまっているのではないかと少々危惧しています。

　彼女たちの授業を見学するとき、とてもワクワクします。そのワクワク感を出来るかぎり伝えようと、林さん自身がイラストを描きましたが、それでも授業の臨場感がなかなか紙面では伝わらないのが残念です。できれば、ワークショップなどの機会を設け、二人の実践の面白さを実感してください。

　本書に掲載している事例は、まだ子どもたちに対して十分な検証がされているわけではありません。それぞれの保育現場や保育音楽の研究会などで実際に試していただき、忌憚のない意見を頂戴できればと思います。

　最後になりましたが、音楽之友社の編集者、岡崎里美さんには大変お世話になりました。また、児童学科2年2組、延べ300名の皆さん、先生と学生の立場を越え、みんなで楽しみ、意見をぶつけ合ったからこそこの本が誕生しました。ありがとう。

目次

はじめに……2
推薦のことば　深見友紀子……4

第1章　身体と声であそぼう

1-1　のびーる、ちぢむ
●●●ゴムあそび……12
●●●もちつき……13

1-2　みんなでジャンプしよう
●●●打ち上げ花火……14
●●●ばらの花輪……15

1-3　まねっこ、できるかな？
●●●きのこたいそう……16
●●●まねっこダンス……17

1-4　大きな声でお返事しよう
●●●おはようのうた……18
●●●すきなおやつはなあに？……19

1-5　大きな声から小さな声まで
●●●ボリュームゼロ……20
●●●ピーポー……21

1-6　想像の世界を楽しもう
●●●ブルーシートの海……22

1-7　おさんぽあそび　その1
●●●お花畑……24

1-8　おさんぽあそび　その2
●●●雨の日……26

1-9　動物になりきってみよう

- ●●● ねことねずみ………28
- ●●● おおかみさんがいた！………28
- ●●● おおかみさんがふりむいた！………29

1-10　おまじないあそび

- ●●● ぴ・ぬ・さ・ゆ………30

1-11　季節を感じるあそびをしよう

- ●●● 季節の音ダンス（夏バージョン）………32

活動の盛り上げ方 Q&A

- **Q1** 子どもたちをノリノリにさせるコツはありますか？………34
- **Q2** 子どもたちと接するときに気をつける点は何でしょうか？………34
- **Q3** 活動の流れがぎくしゃくしてしまうのですが…。………35
- **Q4** どうすれば恥ずかしさを克服できますか？………36
- **Q5** 子どもを引きつけられるような、大きな声や通る声を出したいのですが…。………36

第2章　楽器であそぼう

2-1　楽器を自由に楽しむ

- ●●● わくわく演奏法………40

2-2　木の実であそぼう

- ●●● どんぐりのたいこ………42
- ●●● どんぐり木琴………43

2-3　なんの音？　どんな音？

- ●●● 鍵盤ハーモニカではち………44
- ●●● かみなり太鼓………45

2-4　いつでもアンサンブル

- ●●● 雨の音楽………46

●●● 楽器でクッキング………47

2-5　注意深く聴いてみよう
●●● 自分の「外」の音、「中」の音………48
●●● 音のしっぽ………49

2-6　音の冒険
●●● 楽器のおばけ屋敷………50
●●● 楽器の迷路………51

2-7　輪になってあそぼう
●●● 楽器の輪………52

2-8　音の大きさを意識しよう
●●● 世界一大きい音・小さい音………54

2-9　つながる音、かさなる音
●●● 音のリレー………56
●●● 音の積み木………57

2-10　音で笑って、音で泣いて
●●● 音の喜怒哀楽………58

2-11　音でおはなししてみよう
●●● おしゃべり音楽………60

2-12　ダンス指揮
●●● いっしょにゴー＆ストップ………62
●●● 右手・左手・口………63
●●● 全身使って7パート………63

楽器の使い方 Q&A

Q6　子どもが楽器をこわしそうで心配です。………65
Q7　子どもたちに、どうやって楽器の使い方を教えたらいいのか、わかりません。………65

Q8　音色があまり変わらない楽器の、表情のつけ方が知りたいです。……65
Q9　おすすめの楽器はありますか？……66

第3章　おはなしであそぼう

3-1　おはなしを語ってみよう
●●●絵本の読み聞かせ……70
●●●絵本でコミュニケーション……71

3-2　なりきりあそび
●●●おおきなかぶ……72
●●●シンデレラ……73

3-3　効果音にこだわってみよう
●●●こだわり効果音……74
●●●読み聞かせへの導入……75

3-4　ワンフレーズの曲を作ってみよう
●●●ワンフレーズ・テーマソングを作ろう……76
●●●簡単な伴奏のつけ方（応用編1）……77
●●●ワンフレーズ挿入曲（応用編2）……77

伴奏のつけ方 Q&A
Q10　ピアノ伴奏が苦手です。どうやったらうまくなりますか？……79
Q11　キーボードを使いこなしたいのですが、何から始めたらいいのかわかりません。……80
Q12　移調とは何ですか？　どうやったらいいのでしょうか？……81

第4章　オリジナル作品をつくろう

4-1　おはなしリレー
●●●ひとこと昔話……84
●●●4つの場面……84

4-2　絵からオリジナルストーリーをつくる
●●●○△□（まる・さんかく・しかく）紙芝居……86

4-3　オリジナルソングのつくり方
●●●キーワードで歌詞づくり……88

4-4　メロディーのつくり方　その1（つぶやき編）
●●●つぶやきメロディー……91
●●●つぶやきメロディーの「奥の手」……92

4-5　メロディーのつくり方　その2（コード編）
●●●2つのコードをくりかえす（方法）……94
●●●2つのコードをくりかえす（実例）……95

4-6　「ごっこあそび」から「おはなし」へ
●●●魔法学校あそび（毎日の活動）……97
●●●みんなの魔法学校（発表会）……98

4-7　紙芝居ミュージカル
●●●紙芝居ミュージカルの制作……100
●●●紙芝居ミュージカルの進行例……101

オリジナルのつくり方 Q&A
- **Q13**　作曲やおはなしづくりは難しくないですか？……104
- **Q14**　子どもからちょっと気まずくなる言葉が出てきたときは、どうすればいいですか？……104
- **Q15**　他の子どもや大人の意見をすぐ却下（否定）する子がいるときは、どうしたらいいですか？……105
- **Q16**　オリジナル作品をみんなの前で発表するときは、どんなことに気をつけたらいいですか？……105
- **Q17**　保育者も発表したほうがいいですか？……105
- **Q18**　発表会を準備する時間を、どのように確保したらよいでしょうか？……107
- **Q19**　つくった曲にどう変化を持たせたらいいでしょうか？……108
- **Q20**　曲を作るとき、メロディーと伴奏が合っているかよくわからないのですが…。……108

付録：年間保育計画と本書活動の展開例……110

第1章

身体と声であそぼう

　子どもたちは、身体(からだ)を動かすことや声を出すことが大好きです。まず、準備が簡単で気軽にできる、身体や声を使ったあそびから始めましょう。
　子どもたちはあそびを通して基本的なコミュニケーション力を身につけ、想像力を豊かにし、自分の考えを表現する意欲を持つようになります。日常の保育活動のなかでたっぷり時間をとって、保育者も子どもたちと一緒にあそびの世界を楽しみましょう。あそびのなかで育まれた感性から、また新たなあそびが生まれていく様子を、きっと見ることができるでしょう。

1-1 のびーる、ちぢむ

　身体を動かす楽しさを体験しましょう。子どもたちは音楽や言葉のリズムに合わせて、身体を大きくしたり、小さくしたりすることが大好きです。ここでは、ヘアゴムを使ったり、「おもちつき」をイメージして、身体が伸びたり縮んだりすることを体験します。ひとりで遊ぶこともできますが、集団で行なえば、より一層ダイナミックで楽しい活動になるでしょう。

●●●ゴムあそび

【準備するもの】カラフルなヘアゴム（1m）×人数分
【対象年齢】3歳〜6歳（ヘアゴムをつなげて、大きな輪にすると、2歳前後の子でも楽しめます。）
【活動時間の目安】20〜40分
【活動のねらいと幼稚園教育要領・保育所保育指針】遊びの中で身体を動かすことによって健康面での成長を促すと同時に、ゴムの伸びる様子にもものの性質や仕組み（「環境」）への興味を引き出す。保育内容「健康」「人間関係」に対応。

あそびかた

① ひとりにひとつ、両端を堅結びにして輪にしたゴムを配ります。

② 輪にしたゴムを両手で持って引っ張ったり、足にひっかけて伸ばしたりしてあそびます。保育者は「先生のまねっこできるかな？」とか、「○○ちゃん（くん）のまねっこしてみよう」と声をかけ、子どもたちがゴムを使っていろんなポーズを体験できるようにします。

③ ひとしきりあそんだら、保育者は「もっといろんな形ができると楽しいね」と声をかけてみましょう。子どもたちからいろいろなアイディアが出るかもしれません。もし出なかったら、「これ、何に見えるかな？」と声をかけながら、自分のゴムでいろいろな形ができるようにしてみましょう。

④ 次は、子どもたちのゴムをつなげて、ひとつの大きな輪にします。みんなでゴムを手に持ち、同時に引っ張ったり縮んだりしてみましょう。大きな輪ならこんなこともできます。

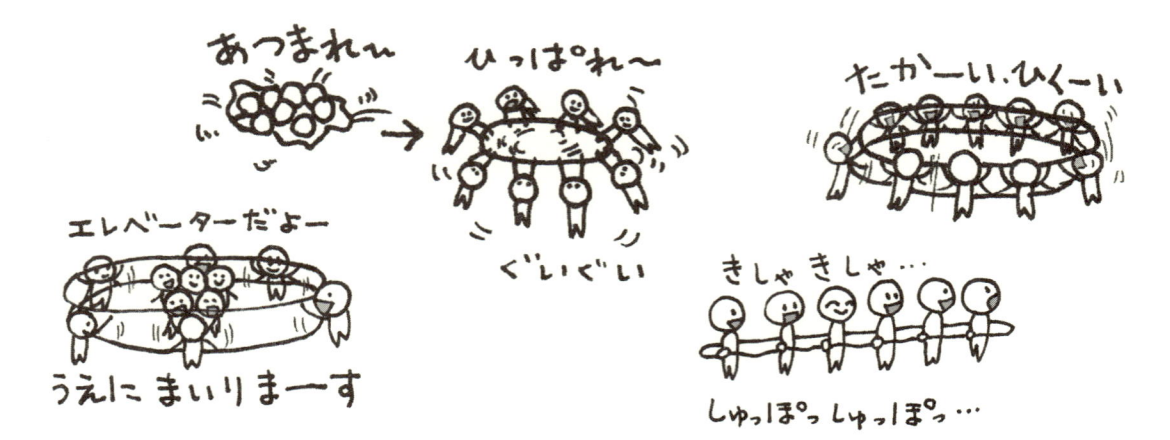

●●●● もちつき

【準備するもの】ピアノやキーボード（なくても可）
【対象年齢】2歳〜6歳
【活動時間の目安】15〜20分
【ねらいと要領・指針】おもちの伸びる様子を音や動きで表現するなかで、「表現」への意欲の芽を育てる。保育内容「人間関係」「表現」に対応。

あそびかた

① 保育者は子どもたちに、「みんな、おもちを食べたことあるかな？今日はみんなでおもちになってみよう」と話しかけます。
② 保育者は「おもちになあれ、おもちになあれ、まあるいまあるいおもちになあれ」とリズミカルに唱えます。子どもたちは思い思いの格好でおもちに変身します。
③ 「これからおもちを作るよ。もちつき器のスイッチ・オン！」「ぶるぶるぶる・・・」子どもたちはその場で、ぶるぶるふるえるような動作をします。頃合いを見計らって、「ストップ」と声をかけてみましょう。
④ 保育者は「みんなで大きなおもちになろう」と呼びかけます。みんなで手をつなぎ、輪になります。
⑤ 保育者は「今度はおもちを焼いてみよう。おもちがふくらむよー」と声をかけて、つないだ手を伸ばして大きな輪を作るように促します。

おおきくなあれ　　　　　　　　　　　　　　　　　　　須崎朝子 詞曲

⑥ その後「おはしで、プスッ」とおもちに穴を開ける動作をします。手をつないだまま、みんなで中心に集まります。

子どもたちの反応に合わせて、④〜⑥を何度か繰り返すと、盛り上がるはずです。

ひとことアドバイス

みんなと手をつないで活動する経験を通じて、子どもは自分だけでなく、他者について関心や関わりを持っていくことを学んでいきます。人と手をつなぐことがなかなかできない子もいます。そんな場合も無理強いはせず、何をしても認められる空間を作るよう心がけましょう。あそびのなかから、みんなとつながっているという実感が育ちます。（須崎）

1-2 みんなでジャンプしよう

　生まれたばかりの赤ちゃんも、成長するにつれて「はいはい」「つかまり立ち」「よちよち歩き」と少しずつ活動的になっていきます。歩くことにも慣れてきた子どもたちの次の楽しみは、ジャンプすること。この活動のポイントは、ジャンプするタイミングです。最初は、思い思いにジャンプしてみましょう。それに慣れたら、合図に合わせてジャンプする活動へと進みます。子どもたちはみんなと息を合わせることの楽しさを実感できるでしょう。

●●●○○打ち上げ花火

【準備するもの】太鼓
【対象年齢】2歳～6歳（ジャンプできない子どもは、保育者が「たかいたかい」の要領で勢いよく持ち上げる。1歳から）
【活動時間の目安】20分
【ねらいと要領・指針】音に合わせてジャンプする経験を通じて、みんなと息を合わせる大切さを実感する。保育内容「健康」「人間関係」に対応。

あそびかた

① 太鼓を用意します。保育者は「みんな花火を見たことあるかな？今から花火があがるよ。『ドーン』という音といっしょに思いっきり空に飛んで花火になってね」と話します。打ち上げ花火を見たことのない子どもたちが多い場合は、保育者が実際に例を示したり、写真を見せるなどしてもよいでしょう。

② 保育者は「今から火を点けるよ。ひゅるひゅるひゅる…」と言いながら、太鼓をたたき始め、太鼓の音をだんだん大きくしていきます。子どもたちには、しゃがんで、すぐにでもジャンプできる態勢になるように言っておきます。

③ 頃合いを見計らって「さあ、花火が上がるよ、せーの『ドーン』」と言って、大きな音で太鼓を一発たたきます。

④ みんなは、手と足を広げて、ジャンプして花火になります。

②～④を何度か繰り返します。子どもたちがタイミングよくジャンプできるようになったら、次の「ばらの花輪」に進みましょう。

●●●ばらの花輪

マザーグースのあそびうた「ばらの花輪」で、あそんでみましょう。歌いながらあそぶと、いっそう盛り上がります。

あそびかた

① みんなで手をつないで、輪をつくります。
② 「ばらの花輪」を歌いながら、手をつないだまま、時計回りにぐるぐる回ります。

ばらの花輪　　　　　　　　　　　　　　　　　　　　　　イギリス民謡

ばらの はな わだ　て をつ なごう よ　ハック ション ハック ション　みんな ころぶ

③ 「ハックション、ハックション」のところで、みんなでジャンプします。
④ 「みんなころぶ」のところで、大げさに転びます。

ハックショーン!!

⑤ みんなが床に転がっているのを見計らって、「起きてー!」と保育者が大きな声で呼びかけます。

立ち上がって、①～④を繰り返します。みんなが床に転がっているときに、目覚まし時計のように次の間奏を演奏すると、自然と子どもたちも立ち上がることでしょう。テンポのよい活動を心がけましょう。

(間奏)　　　　　　　　　　　　　　　　　　　　　　　　　須崎朝子 曲

【準備するもの】ピアノやキーボード（なくても可）
【対象年齢】2歳～6歳（ジャンプできる年齢）
【活動時間の目安】15分
【ねらいと要領・指針】あそびのなかで先生や友だちと触れ合うことを通じて、「健康」面での成長を促す。保育内容「健康」「人間関係」に対応。

【発展】音楽に変化をつけると、さらに楽しいあそびに発展します。
・テンポを速めて歌ってみましょう。
・テンポを落としてスローモーションであそんでみましょう。

ひとことアドバイス

音楽に合わせてジャンプするときに、みんなで息を合わせることを意識してみましょう。保育者の声かけひとつでジャンプのタイミングが合いやすくなります。保育者は子どもたちの目を見ながら、「せーの」と声をかけたり、「ハッ・クション」と最初にアクセントが来るよう大げさな声を出したりしてみましょう。息を合わせるという経験を繰り返しているうちに、他人と協調する意識が育っていきます。（須崎）

1-3 まねっこ、できるかな？

「自由に」「好きなように」表現することができるようになるためには、子どもたちが何をしても受け入れてもらえる、という自己肯定感を持つことと、表現の伝達手段を身につけることが必要です。子どもたちが身につける伝達手段のほとんどは、誰かの行動の模倣から来ています。ここで紹介するあそびのなかで、身体的な動作を模倣するうちに、子どもたちは人前で身体を動かしたり、自分の意見を発表したりすることに抵抗がなくなっていくでしょう。音楽に合わせて一緒に踊りながら、子どもたち自身の表現を促す仕掛けを作ってみましょう。

●●●きのこたいそう

【準備するもの】ピアノやキーボード（なくても可）
【対象年齢】1歳〜6歳
【活動時間の目安】20分
【ねらいと要領・指針】音楽に合わせてダンスすることを通じて、表現するときの抵抗感をなくす。保育内容「人間関係」「表現」に対応。

子どもたちに人気のあそびです。音楽に合わせたダンスの合間に、動きの模倣をはさみます。はずかしがりやの子でも、音楽にのって身体を動かしているうちに、自然にまねっこ遊びを楽しむようになります。

あそびかた

① 保育者は両手を頭の上で合わせ、きのこの形にして、しゃがみます。「おいしいきのこがはえました！」と言って、「ニョキ！」と立ち上がります。きのこの形でポーズ。「きのこ、きのこ、きのこ」のところで、そのまま屈伸します。子どもたちにも歌に合わせて、同じ動きをするように言います。

きのこたいそう　　　　　　　　　　　　　　　須崎朝子 詞曲

② 中間部では、保育者が自由にポーズを作ります。子どもたちも歌詞に合わせて、同じ動作を繰り返します。
例：1番「ぐるぐる」と言って、手を回します。
　　2番「きらきら」と言って、手をキラキラふります。
　　3番「ふりふり」と言って、おしりをふりふりします。
③ 保育者は「きのこロケットが発射するよ。5、4、3、2、1！」と言って、

子どもたちにジャンプを促します。まだジャンプできない子どもたちは、周りの保育者がいきおいよく頭上まで抱えましょう。

④　①～③を何度か繰り返します。キーボード（電子鍵盤楽器）の自動伴奏機能が使える時は、サンバ系のリズムを選び、テンポを♩=128くらいに設定してみましょう。コードは「C」のみです。

●●●まねっこダンス

【準備するもの】ピアノやキーボード、もしくはCD（子どもたちが好きで、身体を動かしたくなるような曲）
【対象年齢】2歳～6歳
【活動時間の目安】20分
【ねらいと要領・指針】模倣を通じて、「表現」しようという気持ちを育てる。保育内容「表現」「人間関係」に対応。

あそびかた

①　身体を動かしやすい、ノリのよい音楽を流します。生演奏でも、ヒット曲のCDなどでもよいでしょう。まず、保育者が音楽に合わせてひざをポンポン叩いて、リズムにのれる雰囲気をつくりましょう。「まねっこ、まねっこ、できるかな？　先生のまねっこできるかな？」と歌いながら、リズミカルに一つの動作を繰り返します。

まねっこできるかな　　　須崎朝子 詞曲
まねっこまねっこ　できるかな？

②　子どもたちが同じ動作を繰り返しているのを確認したら、保育者は動作を変化させてみましょう。子どもたちが模倣しやすい動作を繰り返します。

③　ひとしきり動きを楽しんだら、子どもたちのひとりにタッチして、今度は、その子をリーダーにします。保育者はひざをポンポン叩きながら、「まねっこ、まねっこ、できるかな？　○○ちゃん（くん）のまねっこできるかな？」と、全体をリードして歌います。

④　テーマを決めると、子どもたちも動きやすくなります。「今度は、海の生き物でいくよ！　タコさんのまねっこ、できるかな？」「魚さんのまねっこ、できるかな？」

ひとことアドバイス

　おもしろがっていろいろなものになりきる子と、はずかしがってなかなかできない子に分かれると思います。やりたがらない子に無理やりやらせることは避けましょう。見ているだけで十分に楽しんでいる場合もあるので、様子を見ながらリードしてください。保育者が先導して動きをつくると、少しずつみんなも参加してくれるようになります。子どもたちからなかなか動きが出てこない場合は、ジャンプする、手足を広げる、リズムに合わせて手を上げる、パンチの格好をするなど、子どもたちが演じやすい動作を提示すると、活動がスムーズに展開します。（須崎）

1-4 大きな声でお返事しよう

　子どもたちのなかには、名前を呼ばれても、はずかしがって大きな声で返事ができない子もいます。声を出すこと、あいさつすることは言語コミュニケーションの基本です。保育者とコミュニケーションをとることができるようになった子どもたちは、自信を持っていろいろな活動に積極的に参加してくれるようになるでしょう。

●●● おはようのうた

【準備するもの】ピアノやキーボード（なくても可）
【対象年齢】1歳～6歳
【活動時間の目安】10～15分
【ねらいと要領・指針】「人間関係」の基本であるあいさつを通じて、他者とコミュニケーションする楽しさを育む。保育内容「健康」「人間関係」「言葉」に対応。

　この曲は、自然と返事ができる空気を作ろうと作曲したものです。自信がない子でもメロディーにのせて返事をすると、大きな声が出る場合もあります。おおぜいの前で返事ができるようになったら、今度は簡単な単語で受け答えができるような活動に発展させてもいいでしょう。

あそびかた

① みんなで輪になって「おはようのうた」を歌います。伴奏を付けて歌ってもいいでしょう。

おはようのうた　　　　　　　　　　　　　　　須崎朝子 詞曲

（楽譜：おはよう おはよう みなさん　おはよう おはよう みなさん　おおきなこえで おへんじができるかな？「○○ちゃん」「はーい」）

【参考】2歳くらいまでの子どもには、保育者が手本を示しましょう。「最初は、先生から行くよー！　みんなで呼んでくれるかな？　せーの」「○○せんせいー！」「はーい！」このとき保育者はなるべく大げさに、声を張り上げます。そして、「先生も大きくお返事できたね。先生よりもっと大きくお返事できる人いるかな？」と問いかけます。積極的な子が「はーい、はーい！」と返事をしてくれるでしょう。

② 「お返事ができるかな？」の後で、保育者がひとりずつ子どもの名前を呼びます。呼ばれた子は、「はーい」と返事をします。

③ 名前を呼ぶのは座っている順番でも、返事をしたい順番でもよいでしょう。保育者が返事をする子どもと手をつなぎ、つないだ手を動かしながら拍子をとって歌うと、子どもたちの表情もより明るくなります。

●●● すきなおやつはなあに？

【準備するもの】ピアノやキーボード（なくても可）
【対象年齢】3歳～6歳
【活動時間の目安】30分
【ねらいと要領・指針】リズムにのって言葉を発することによって、言葉の楽しさ、美しさへの興味関心を育てる。保育内容「言葉」「表現」に対応。

あそびかた

① 保育者が「みんなの好きなおやつは何かな？」と子どもたちに問いかけます。子どもたちは積極的に答えてくれるでしょう。たくさんの答えが出る雰囲気になったら、みんなで輪になって、「○○ちゃん（くん）の好きなおやつなあに？」と歌います。伴奏ができる時は、楽器を演奏しながら歌ってもよいでしょう。

すきなおやつ　　　　　　　　　　　須崎朝子 詞曲
○○ちゃんのすきなおやつ　な　あ　に？
（くん）

② ひとりずつ順番に、好きなおやつを聞いていきます。
③ 子どもたちはひとりずつ、好きなおやつの名前を答えます。保育者は子どもが答えるたびに、その名前を復唱しながら手をたたきます。子どもたちが記憶しやすいように、何度か繰り返してもよいでしょう。

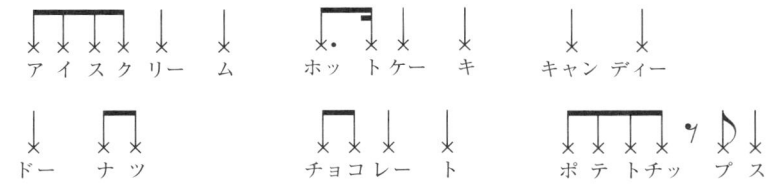

アイ ス ク リー ム　　ホッ ト ケー キ　　キャン ディー
ドー ナツ　　チョコレー ト　　ポテトチッ プス

④ 「せーの」で、子どもたちといっしょにおやつの「名前」を言いながら、手拍子します。
⑤ 楽器がある場合は、ひとつずつ手に持ち、好きなおやつの名前を言いながら、手拍子の代わりに楽器を叩いたり振ったりしましょう。

ひとことアドバイス

　　食べものをテーマにした活動は、子どもから大人まで年代を問わず、人気の活動です。成人を対象とした音楽療法の活動でも、「すきなおやつはなあに？」の活動をすることがあります。言葉をリズムだけで表現するうちに、いろいろな種類のリズムに触れるようになります。クリスマス前には「○○ちゃんの欲しいものはなあに？」と問いかけるなど、状況に応じて質問を変化させてもよいでしょう。言葉によるリズムあそびは、楽器であそんだり、みんなで合奏したりする際の、導入的な活動として位置づけることもできます。（須崎）

1-5 大きな声から小さな声まで

　大きな声を出すと、気持ちが少しずつ開放的になっていきます。でも、みんなの前で大きな声を出すことに抵抗がある子もいます。ここで紹介する「ボリュームゼロ」は、大きな声を出すのが苦手な子も、いつの間にか大きな声が出るようになるあそびです。また、「ピーポー」では、声にはいろいろな表情をつけられることを実感できるようになるでしょう。保育者も子どもたちといっしょに、声というもっとも身近な音の可能性を楽しんでみましょう。

●●●ボリュームゼロ

【準備するもの】なし
【対象年齢】4歳～6歳
【活動時間の目安】20分
【ねらいと要領・指針】人前で声を出すことの抵抗感をなくし、積極的に他者と関わる気持ちを育てる。保育内容「人間関係」「言葉」に対応。

【ポイント】最初は小さい音量からスタートします。少しずつ音量を上げていくと、子どもたちも意外と抵抗なく、大きな声を出すようになります。ほかの活動で、もっと大きな声を出してほしいときにも使えるあそびです。「ボリューム10」になるころには、子どもたちも大きな声を張り上げていることでしょう。

あそびかた

① 保育者が「みんなで『アー』と言ってみよう」と言います。子どもたちは思い思いの「アー」を言ってくれるでしょう。保育者は、子どもたちの声にひとしきり耳を澄まします。

② 「じゃあ、今度はボリュームゼロからスタートするよ」と呼びかけます。
「ボリューム0（ゼロ）」
（シーン）
「ボリューム1（いち）」「（やや小さい声で）アー」
「ボリューム2（に）」「（小さい声で）アー」……
「ボリューム10（じゅう）」
「（大きな声で）アー」

③ 次に、言葉を使わず指の本数で、音量を大きくしたり小さくしたりしてみましょう。立てる指を一本ずつ増やし、②と同じように少しずつ声を大きくしていきます。指の本数を増やすにつれて、指を立てる場所を高くしていくと、ボリュームの変化がわかりやすくなります。長い棒に目盛をつけて指で示したり、両手を鳥のように広げて、その高さで大小を示すこともできます。

●●● ピーポー

【準備するもの】救急車、車、飛行機の絵やおもちゃ
【対象年齢】4歳～6歳
【活動時間の目安】20～30分
【ねらいと要領・指針】声を出すいろいろな方法を実感することを通じて、イメージや言葉を豊かにする。保育内容「言葉」「表現」に対応。

あそびかた

① 子どもたちは保育者のほうを向いて座ります。保育者は子どもたちに救急車の絵やおもちゃを見せ、「救急車はどんな音を出しながら走るかな？」と聞いてみましょう。「ピーポー」という声が子どもたちからあがると思います。

② 保育者は「救急車が走ってくるよ」と言いながら、救急車の絵やおもちゃを子どもたちに近づけたり、遠ざけたりしてみます。保育者は救急車が遠いときには小さな声で、近づいた時には大きな声で「ピーポー」と言いながら、救急車の絵やおもちゃを動かします。

③ 保育者は「いっしょに救急車の音を出してみてね」と子どもたちに呼びかけてみましょう。子どもたちの反応を見ながら、救急車の絵やおもちゃを近づけたり、遠ざけたりしてみます。

④ 救急車の絵やおもちゃを動かすスピードを上げて、「ピーポー」という声のテンポを速くしたり、遅くしたりして、変化をつけるのも面白いでしょう。

⑤ 救急車を移動させる役を子どもたちと交代して、しばらく遊んでみます。

救急車のほか、電車や飛行機の音、おばけの声、ジェットコースターの音などでも、あそんでみましょう。

ひとことアドバイス

「大きな声でお返事して」と言っても、恥ずかしがって声が出ない子どももいます。「ボリュームゼロ」は、ゲーム感覚でその心理的な抵抗感を取り除くことができる活動です。また、まわりの子どもと異なる反応をする子がいる場合（「ピーポー」を「ポーピー」と言うなど）は、即興的にその反応を取り入れて、あそびを変化させてみましょう。子どもたちからいろいろな提案が出てくるかもしれませんね。（須崎）

1-6　想像の世界を楽しもう

　大きなブルーシートを海に見立てて遊んでみましょう。ブルーシートを動かすことで起こる音を楽しみながら、ダイナミックな遊びが展開されることでしょう。

　子どもたちの前でブルーシートを取り出すとき「ブルーシートを海にして遊んでみよう」と言ってしまうと、そこには「ブルーシートは海ではない」という意味が含まれることになってしまいます。子どもたちと遊ぶときには、現実を感じさせる「ブルーシート」という言葉を避け、想像の世界を共有することからはじめましょう。ここではブルーシートを例に、道具を活動に効果的に導入する方法を紹介します。

●●●ブルーシートの海

【準備するもの】ブルーシート（できるだけ薄手のもの、ホームセンターで入手できる）、ビーチボール、ぬいぐるみ、など。ピアノまたはキーボード（なくても可）
【対象年齢】2歳～6歳
【活動時間の目安】30～40分
【ねらいと要領・指針】さまざまな道具で工夫してあそぶ力を育む。保育内容「環境」「表現」に対応。

あそびかた

① 保育者は「海へ行ったことある？」と子どもたちに語りかけます。「今日はみんなで海へ行ってみよう。さあ、しゅっぱーつ！」みんなで歩きます。

おさんぽのうた　　　　　　　　　　　　　　　　　　須崎朝子 詞曲

② 「あっ！うさぎさんも、いっしょに海へ行きたいみたいだね。みんなも、うさぎさんといっしょに歩いていこう！」という感じで（次項「おさんぽあそび　その1」参照）、海への道中を子どもたちとあそびます。

③ 楽器の音が出せる状況なら、「静止」でストップ、「グリッサンド」（23ページ傍注参照）で方向転換など、子どもたちの反応を見ながら音楽をつけていきます。楽器がないときは、言葉で「さあ、しゅっぱーつ！」「ストップ」「今から反対に進むよ」と声かけしてもよいでしょう。

④ ひとしきり歩いた後で、「海に着いたよ～」と声をかけ、ブルーシートを出します。海に行くというおはなしが共有されているので、何も説明しなくても、子どもたちは「海だ！」と

> グリッサンド：（鍵盤楽器の場合）鍵盤の上で、指をすべらせて連続した音を出す奏法のこと。本書で「グリッサンド」という指定があるときは、白い鍵盤の高音部分で、低いほうから高いほうへと指をすべらせて連続した音を出すようにしてみてください。

理解してくれるでしょう。

⑤　ブルーシートを広げます。子どもたちといっしょにブルーシートの縁をもって、振ってみましょう。ブルーシートの音をバサバサさせて、その音やブルーシートの作り出す風を楽しみます。危険に注意しながら、しばらく子どもたちの様子を見守ってみましょう。

⑥　ブルーシートを上に大きく投げるように（手は離さない）、次に下に抑え込むように大きく上下させることを繰りかえして、大きな波を作ります。

⑦　ひとしきり自由に波を作って遊びます。時間がたち、最初にブルーシートを取り出した時のような新鮮さがなくなってきたら、保育者から新たな刺激を投げかけてみましょう。たとえば、ビーチボールを投げ入れてみます。ビーチボールが波にさまようさまをみんなで楽しみます。ビーチボールのほかに、ぬいぐるみや葉っぱ型に切った紙きれなどを投げ入れてもよいでしょう。いろいろな大きさの波をブルーシートの上げ下げで作り出して、ぬいぐるみや葉っぱが波にさまよう様子を遊んでみましょう。

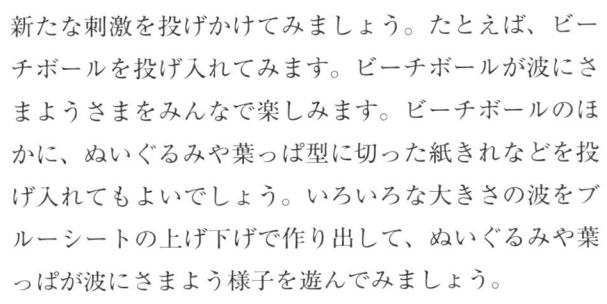

⑧　今度はブルーシートを投げるようにして、手を離します。ブルーシートが宙を漂っている間に、その下に潜ってみましょう。静電気が起きて、みんなの髪の毛がピンピンに立ちます。

⑨　ブルーシートを広げて真ん中で折り合わせ、「海のトンネル」を作ることもできます。端から端まで歩いて進みます。子どもたちも大興奮！　入り口と出口を決めて、なかで子どもたちが衝突しないように注意しましょう。

ひとことアドバイス

　ブルーシートはできるだけ薄めの軽いタイプのものが使いやすいです。広げた時にふわっと浮かび上がるもの、活動するスペースを考えて最大限に広いものを選びましょう。保育者も「お出かけするときは何が必要かな？」「海で何して遊ぼうか？」と問いかけるなど、ブルーシートを出す前の、海に遊びに行くという状況を、子どもたちと楽しみましょう。ブルーシートを使う際は、事故が起こらないよう必ず保育者が監督するようにしてください。（須崎）

1-7 おさんぽあそび　その1

　子どもたちはおはなしの世界であそぶ「ごっこあそび」が大好き。おはなしの世界に子どもたちを引き込む手法としては、音楽に合わせてさんぽするという場面をはさむのが、とても効果的です。「さんぽ」は、現実の世界とおはなしの世界をつなぐブリッジとして機能するようです。ここでは、音楽に合わせてさんぽする場面から展開する、即興ストーリーの例を紹介します。さんぽの目的地は季節によってさまざまに設定できるので、季節の題材を取り入れて、みなさんもオリジナルの即興ストーリーを完成させてみてください。

●●●お花畑

【準備するもの】ピアノやキーボード、マラカスや鈴など振ると音の出るもの、ちょうちょに見立てるスカーフや画用紙
【対象年齢】2歳〜6歳
【活動時間の目安】30分
【ねらいと要領・指針】おはなしの世界で遊ぶことを通じて、イメージや表現を豊かにする。保育内容「環境」「表現」に対応。

あそびかた

① 保育者は、「とてもいいお天気だね。こんな日はみんなでおさんぽしよう!」と呼びかけます。子どもたちは「おさんぽのうた」(22ページ参照)に合わせて歩き出します。

② 保育者は、音楽を途中で止めたり始めたりします。子どもたちは音楽が止まると足を止め、始まると歩き始めるでしょう。音楽が止まっているのに動いている子どもがいる場合は、「音楽が止まったみたい」と呼びかけるようにしてみてください。音楽が始まると「歩く」、止まると「止まる」というルールを理解するようになるでしょう。時折「グリッサンド」(23ページ傍注参照)を入れて、方向転換します。メリハリをつけて何度も繰り返すと盛り上がります。

③ 「あっ! うさぎさんもおさんぽしてるよ。みんなもうさぎさんになっておさんぽしよう!」保育者は、子どもたちがジャンプしやすい、軽快なリズムの音楽を弾きます。子どもたちは、ぴょんぴょんジャンプします。ひとしきり、うさぎになりきって遊びます。

うさぎ　　　　　　　　　　　　　　　　　　　　須崎朝子 曲
軽やかに

(何度かくり返し)

④ 「あれれ、ぞうさんもおさんぽしてるね。じゃ、ぞうさんになって、どしーん、どしーん」保育者は、音楽をゆったりとした重たい感じのものに変えます。

ぞう

ゆっくり重々しく　　　　　　　　　　　　　　　　　　　　　　　　　　　　須崎朝子 曲

(何度かくり返し)

⑤ 「今度は、リスさんのおさんぽだよ」保育者は、子どもたちが素早く走り回れるように、音楽を軽くて速いものに変えます。「大急ぎで、走って走ってー」

りす　すばやく軽く　　　　　　　　　　　　　　　　　　　　　　　　　　須崎朝子 曲

(何度かくり返し)

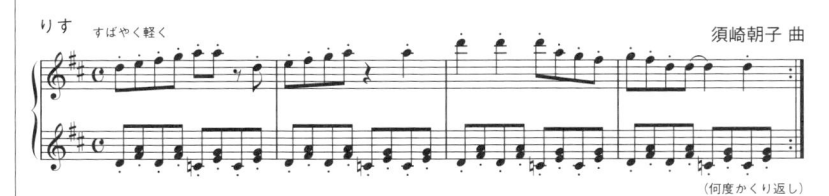

⑥ さんぽを十分楽しんだら、「お花畑に着いたよー」と声をかけましょう。保育者は「お花になりたい人？」と聞きます。保育者は「あれっ、お花さん、元気がない。どうしたの？」とお花役の子どもに問いかけます。子どもたちにも「どうしたら元気になれるかな？」と聞いてみましょう。

⑦ マラカスや鈴の音で、お花役の子に水を振りかけましょう。このとき、マラカスや鈴を振りながら「お花に水をあげるよ」と言うだけで、子どもたちには伝わるでしょう。水をやると、お花役の子はぐんぐん元気になります。

おみずのシャワー　　　　　　　　　　　　　　　　　　　　　　　　　　　須崎朝子 詞曲

おみず　おみず　おみずのシャワーを　キラキラ〜

⑧ そこへちょうちょがとんできます（きれいな色のスカーフや画用紙で、ちょうちょを作ってもいいですね）。保育者は、「お花にとまれー」と声をかけます。みんなでちょうちょをお花役の子にとまらせて、あそびます。

【発展】⑥〜⑦の活動で、歌を歌ってもいいですね。「ちゅうりっぷ」や「ちょうちょ」、「おはながわらった」などがいいでしょう。

秋には、おさんぽの後、森に着いたことにして、「葉っぱ」の形に切った紙を、空からばらまいてみましょう。落ち葉を集めて焼く焼き芋など、話もふくらみます。

白い紙を小さく切って紙ふぶきのようにすると、冬のおはなしができあがります。

ひとことアドバイス

季節感の出るものを即興ストーリーのなかに取り込んでみましょう。大きな流れは同じでも、歌う歌やダンスの違いで、いろいろなバリエーションを作ることができます。みんなの気分が高まるよう、おはなしの世界への出発は、軽快な音楽でスタートしましょう。「さんぽ」でおはなしの世界に出発する、という流れを身につけておくと、保育のいろいろな場面で応用することができますので、ぜひ試してみてください。（須崎）

第1章　身体と声であそぼう ● 25

1-8 おさんぽあそび　その2

　おさんぽあそびは、子どもたちが何度繰り返しても大好きなあそびです。音楽を動かしたり、止めたり、速くしたり、遅くしたりすることによって、子どもたちのワクワク感が増すよう心がけてみてください。おはなしには季節のテーマを取り入れて、変化を持たせましょう。「春→花、ちょうちょ」「夏→雨、海」「秋→落ち葉、焼き芋」「冬→雪、クリスマス」などが、子どもたちに人気のテーマです。ここでは、雨の多い季節に適した即興ストーリーを紹介します。

●●●雨の日

【準備するもの】ドラムスティックやバチ、ピアノまたはキーボード、食べもののイラストのカード、かえるのイラストのついたバケツ、かえる顔の絵をつけたゴミ箱、など
【対象年齢】1歳～6歳
【活動時間の目安】30分
【ねらいと要領・指針】おはなしの世界で遊ぶことを通じて、イメージや表現を豊かにする。保育内容「環境」「表現」に対応。

梅雨に入る6～7月には、音楽あそびにも雨やかえるを登場させましょう。

あそびかた

① 「おさんぽのうた」(22ページ参照)を歌いながらみんなでおさんぽしていると、保育者「あれっ？　雨がふってきた、どうしよう。雨の日には、何がいるかな？」子どもたち「傘！」みんなで傘をさして歩きます。(ドラムスティックやばちを傘に見立てます)

② 保育者は「あれっ？　ありさんも傘さしてるよ」と言います。子どもたちは、ありになってちょこちょこ歩きます。ピアノの高音を使って、ありをイメージした音楽を演奏してみましょう。

あり　すばやく　　　　　　　　　　　　　　　　　　　須崎朝子　曲
(何度かくり返し)

③ 「あれっ？　かえるさんも傘さしてるよ」子どもたちはかえるになって、ジャンプしながら進みます。保育者は、子どもたちがジャンプしやすい軽快な音楽を演奏します。

かえる　跳ねる感じで　　　　　　　　　　　　　　　　須崎朝子　曲
(何度かくり返し)

④ 「あれっ？　くまさんも傘さしてるよ」子どもたちはくまになって、ドシンドシンゆっくり歩きます。保育者は、音楽をゆったりとした、重たい感じのものに変えます。

くま
重たく、ゆっくりと

須崎朝子 曲

(何度かくり返し)

⑤ 保育者「お池があったよ。そうだ、お池のかえるさんはどうしているかな？ みんなで会いにいこう！ ボートに乗っていこうか？」年齢によって、みんなでボートに乗る、2人組になってギッコンバッタンするなど、いろいろなごっこあそびができるでしょう。

⑥ 保育者「着いた！ かえるさーん！」みんなで呼びかけると、かえるが登場します。かえるは、保育者が演じてもかまいません。

⑦ 「なんだかかえるさん、元気がないよ。おなかがすいているみたい。みんなで、いろんな食べものを食べさせてあげよう」子どもたちは、かえるに食べもののカードを渡します。

⑧ 保育者「かえるさん、元気になったね。みんなで、かえるさんの歌を歌おう！」

かえるのうた
岡本敏明 詞・ドイツ曲

かえるの うたが きこえて くるよ

コードはC。キーボードの自動伴奏が使える場合は、リズムは「レゲエ」、テンポは♩＝60くらいにします（80ページ参照）。「かえるのうた」の間奏部分で、みんなでジャンプしましょう。音楽に合わせて、保育者は「1、2のぴょーん」などと声をかけます。子どもたちもかえるになりきって、思いっきりジャンプします。みんなで一斉にジャンプする楽しさを体験できます。

ひとことアドバイス

バケツやゴミ箱などの容器を動物に見立てることは、小さな子どもたちのお片づけを促すには、とても効果的なやり方です。このかえるバケツ君を、いろんな場面で活用してみましょう。「かえる君がおなかすいたって、言っているよ。早く道具を食べさせてあげよう！」と言うと、意外と早くお片づけができるかもしれません。その際、保育者がかえる君の気持ちを代弁して、「とてもおいしいね。ありがとう」などと言うと、子どもたちにはよい動機づけになるでしょう。（須崎）

1-9 動物になりきってみよう

「さんぽ」を使った即興ストーリーで、子どもたちはいろいろな動物に出会い、その動物のリズムでいっしょにさんぽをしました。動物を登場させるバリエーションとしては、おおかみや（ねずみに対する）ねこといった少しこわい動物を登場させ、活動にメリハリをつけるという方法があります。ここでは昔から伝わる「だるまさんがころんだ」を応用して、おおかみが登場するダイナミックなあそびを紹介しましょう。子どもたちに少し緊張感を持たせ、注意力を持続させるという意味では、とても効果的な方法です。

●●●ねことねずみ

【準備するもの】なし
【対象年齢】2歳～6歳
【活動時間の目安】20分
【ねらいと要領・指針】他者の言葉を注意して聞く気持ちを育む。保育内容「言葉」「表現」に対応。

あそびかた

① 保育者が「みんな、ねずみになって走るよ！」と言うと、子どもたちは軽快なスピードで走ります。

② 子どもたちがねずみになって走っていると、頃合いを見計らって保育者がねこに変身します。保育者は「にゃあ～お」と言いながら、子どもたちに近づいていきます。みんな逃げ回ります。

③ 子どもたちに向かって、保育者は「みんな、ねこに見つからないように隠れて！」といいます。子どもたちはねこに見つからないように隠れます。子どもたちはじっと動かず、ねこが行き過ぎるのを待ちます。

④ 保育者はねこになりきって、ねずみになった子どもたちを探します。ひととおり探し終わったら、保育者は「ねこは向こうに行っちゃったよ。また、ねずみになって走ろう」と言い、さんぽを再開します。

⑤ しばらく、②～④を繰り返します。

●●●おおかみさんがいた！

【準備するもの】ピアノまたはキーボード（なくても可）
【対象年齢】2歳～6歳
【活動時間の目安】20分
【ねらいと要領・指針】保育内容「言葉」「表現」に対応。

あそびかた

① 音楽に合わせて、おさんぽします（「おさんぽのうた」22ページ参照）。保育者は、音楽が止まると立ち止まり、速くなったり遅くなったりすると歩調を合わせるように促して、子どもたちが音楽を「聴く」という態勢を作ります。

② 保育者「おおかみの家の前に来たよ。でもおおかみさん、今お昼寝中。そーっと、見つからないよ

うに歩こう」

子どもたちは、そろーりそろーり、静かに歩きます。誰かがおおかみの役をする必要はありません。家の中におおかみがいるという設定で、子どもたちはあそびに参加してくれるでしょう。

③　保育者「見つかった、にげろー」（走る）

●●●おおかみさんがふりむいた！

【準備するもの】なし
【対象年齢】2歳～6歳
【活動時間の目安】20分
【ねらいと要領・指針】保育内容「言葉」「表現」に対応。

あそびかた

①　（「だるまさんがころんだ」の要領で、）保育者は「おおかみさんがふりむいた！」で振り向きます。このとき、保育者は「おおかみさんがふりむい」までは、子どもたちに背中を見せ、「た！」と言うのと同時に、子どもたちのほうへ振り向きます。

②　保育者が「動いていると食べられるよー」と言うと、みんな必死に静止します。

③　保育者はおおかみになって、「人間がいないか、ちょっとしらべてみよう！」と言いながら、子どもたちに近づいていきます。保育者がみんなをコチョコチョしたり、高い高いします。みんな、必死で我慢します。

④　ひとしきり子どもたちが我慢した後、保育者は「人間の子は、どうやらいないみたいだな」と立ち去ります。

⑤　また「オオカミさんがふりむいた！」のゲームを繰り返します。

ひとことアドバイス

　子どもたちは、おはなしの世界をとてもリアルなものとして受け取ることがあります。年齢によっては、感情移入しすぎて大泣きするようなことも考えられますので、おおかみ役を登場させる場合でも、かわいいぬいぐるみを使ったり、かわいい声で呼びかけたり、ユーモラスな動きをしたりと、怖さの表現を調節するように心がけましょう。（須崎）

1-10 おまじないあそび

前項までは、保育者がリードして子どもたちのイメージをふくらませてきましたが、ここからは、子どもたちとの対話からイメージを作っていきます。

あんなことしたいな、こんなことできるといいな──子どもたちの心は願いごとでいっぱい。ここで紹介する方法で新しいおまじないを作り、みんなで祈りましょう。同じリズムを繰り返したり、異なるリズムを重ね合わせたりすることで、不思議な空間が体験できます。

●●●ぴ・ぬ・さ・ゆ

【準備するもの】特になし
【対象年齢】4歳～6歳
【活動時間の目安】30～60分
【ねらいと要領・指針】願いごとをすることで思いやりや共感する力を育てる。簡単な言葉の繰り返しから自己表現を促す。保育内容「人間関係」「言葉」「表現」に対応。

あそびかた

① 保育者は「おまじないって知ってる？」と問いかけます。子どもたちは自分たちが知っているおまじないの言葉を、口々に言うでしょう。たなばたやクリスマス、初詣の話題が出るかもしれません。

② 「今日はみんなで新しいおまじないの言葉を作ってみよう。ひとりひとつずつ文字を言ってみて」と話します。座っている順でも、手を挙げた順でも、子どもたちが選んだ文字を順に4～6文字くらい並べます。最初の子が「ぴ」、次の子が「ぬ」、続いて「さ」、「ゆ」と選んだら、「ぴ・ぬ・さ・ゆ」という新しいおまじないのできあがりです。

③ 「みんなで一緒に唱えるよ」即席で作っても、いかにもおまじない風になるから不思議です。息継ぎのため、譜例のように2拍ほど休みを入れるとよいでしょう。

④ 次に何をお祈りするか決めます。たとえば、妊娠中の保育者がいたら、安産を祈ることにしてみます。

⑤ さらに、おまじないをどんな風に唱えるか考えます。たとえば「ぴ・ぬ・さ・ゆ」を長く伸ばすグループ、中くらいのグループ、短いグループの3つに分け、同時に繰り返し唱えます。それだけでかなり楽しい空間が生まれます。

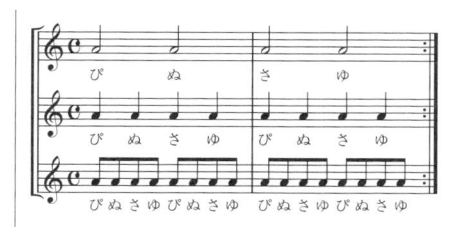

みんなで作ったおまじないでいろいろなことを祈ると、クラスがもっと仲良しになれるかもしれません。「運動会が晴れますように」「〇〇ちゃんのおばあちゃんが入院しているから、早く病気がよくなりますように」「お芋掘りでたくさんお芋が掘れますように」…、子どもたちの生活は願いごとに事欠きません。

〔発展〕5歳児くらいになると、ひとりで発表する「ソロ」が大好きになってきますので、おまじないの合唱のなかでひとりずつ祈る方法を考えます。みんなが輪になって「ぴ・ぬ・さ・ゆ」の合唱をしている真ん中に保育者が立ち（もしくは座り）、ひとりひとり順番に祈りに行きます。子どもたちがそれぞれのパフォーマンスで「元気な赤ちゃんが生まれますように」と祈ると、本当に願いごとがかないそうです。

ひとことアドバイス

　5歳児くらいなら、グループ分けしてそれぞれおまじないを考えてもよいでしょう。子どもたちの名前から一文字ずつとる、という方法もあります。ひとりずつ祈るとき、前に出ることが苦手な子がいたら無理強いはせず、前に出たい子だけにします。4歳児以下の子どもたちがおまじないを唱えるのをこわがるようなら、笑いながら唱えるなど、明るい雰囲気でやってみてください。（林）

1-11　季節を感じるあそびをしよう

　季節をテーマにオリジナルの音ダンスを作ってみましょう。その時々の季節についてみんなで考え、生活のなかにある音と動きをまねることから始めます。いくつかの音と動きを考えたら、それを簡単なストーリーに組み込むことでイメージがぐんと広がります。
　はじめから長い曲やダンスを作ろうとすると大変ですが、ちょっとした模倣をストーリーに沿ってつなげていくだけなら難しくありません。ひとつひとつの音や動きを楽しんでいるうちに、いつの間にか素敵な季節の音ダンスができあがります。ここでは夏バージョンを紹介します。

●●●季節の音ダンス（夏バージョン）

【準備するもの】最初はいらない。ストーリーに応じて、あとで衣装や小道具を準備する
【対象年齢】4歳～6歳
【活動時間の目安】60～90分
【ねらいと要領・指針】季節の変化を感じることで、園の生活にリズムが生まれる。保育内容「人間関係」「表現」に対応。

あそびかた

① 「夏といえば何かな？」という保育者の問いかけに対して、子どもたちは「盆踊り！」、「雷！」、「せみ！」、「花火！」などと、いろいろ答えてくれるでしょう。あまり意見が出ないときは、「どこへおでかけするのかな？」「どんな虫がいるんだっけ？」などと質問して、アイディアを引き出すきっかけを与えます。

② 出てきたアイディアをひとつずつ選んで、順番に音と動きを考えます。子どもたちに「これはどんな動きだっけ？」「これはどんな音がするの？」とたずねます。たとえば、次のような音ダンスが考えられます。

●盆踊り

●花火

●雷

●せみ

【応用】季節の音ダンスは、どの季節でも楽しめます。「春」なら［桜］［ピクニック］［おひさまが暖かい］など、「秋」なら［運動会］［おいもほり］［落ち葉］など、「冬」なら［風が冷たい］［クリスマス］［雪だるま］など、いろいろなアイディアが出そうですね。

【発展】最初に季節のおはなしをじっくり深めたり、絵を描いたりしてから、音ダンスに取り掛かってもいいですね。その場合、1週間くらいかけて取り組みます。まず、1日目に自然のなかをおさんぽします。2日目に前日のおさんぽを思い出して季節のおはなしを深めます。3日目におはなしを絵に描いてみます。4日目にトピックを出し合って音ダンスを考えます。5日目はストーリーを考え、音ダンスを組み込みます。6日目にストーリーに合わせた衣装や小道具を用意して、演じてみます。

③ ②で考えた音ダンスをします。複数のアイディアが出た場合は、ひとつずつ順番にやってみましょう。

④ 6歳児の活動では、簡単なストーリーを考え、音ダンスを組み込みます。始まりと終わりだけでなく、それぞれの音ダンスのつなぎにもセリフを入れると、ちょっとしたお芝居のようになります。

例：ある日、みんなで夏祭りに行くと［盆踊り］をやっていて［花火］がきれいでした。突然［雷］が鳴って雨が降り出しました。やんだあと［せみ］の大合唱が始まりました。

保育者「夏祭りに行ってみよう！」 子どもたち「行こう、行こう！」
「あっ、盆踊りをやっているよ。せーの！」で［盆踊り］の音ダンス。
「見て、打ち上げ花火が上がったよ」で、［花火］の音ダンス。
「あっ、雷だ！」で、［雷］の音ダンス。終わる。
「よかった、雨やんだね。せみの声がしてきた！」で［せみ］の音ダンス。せみの音をフェードアウト（だんだん小さくなって音が消える）し、保育者「もうじき秋だねえ」子どもたち「そうだねえ」で、おしまい。

ひとことアドバイス

　季節の話題はアイディアが出やすいので、子どもたちの意見をできるだけ取り入れて活動を進めましょう。たくさんのアイディアを一度に聞くと大変なので、アイディアをひとつずつ音ダンスにして楽しんでから、次のアイディアに取り掛かります。音ダンスが長くなると混乱するので、ホワイトボードや模造紙に順番をメモしながら行うとよいでしょう。（林）

活動の盛り上げ方 Q&A

Q1 ♥ 子どもたちをノリノリにさせるコツはありますか？

■少しこわいのが大好き！

子どもたちは「ちょっぴり、こわい」のが大好きです。保育者も「ちょっぴり、いたずら好き」なほうが、みんなもぐいぐい引き込まれていくように思います。

第2章で紹介する「鍵盤ハーモニカではち」（44ページ参照）も、そうしたいたずら心から生まれたもの。ある時「ばらの花輪」をしてあそんでいました。十分盛り上がっていたのですが、少しいたずらしてみようという気持ちが働きました。ばらの花と言えば、ばらの花が大好きなはちさん…。「さあ、はちさんがやってきたよ！ ささされたら、いたいよー！」と言いながら、鍵盤ハーモニカを持って「♪シドシドシド」と吹きながら、子どもたちに近寄っていきました。「♪シドシドシド〜！（ピタッと止める）」、また、「♪シドシドシド〜！（ピタッと止める）」を繰り返すと、その予測不能な動きに、ひとりが「ぷっ」と笑い、ついには全員で「あっはっはー」（須崎）

■得意技を持とう

保育者が得意技を持つと、活動がぐっと盛り上がりやすくなります。特に「面白いこと」「変なこと」ができると、子どもがとても尊敬してくれますよ。（林）

■なるべく肯定する

大人でも自分のアイディアを理由なく却下されたら、気分がのらなくなってしまいますよね。子どものアイディアは、なるべく「それいいね」「面白いね」と認めて、取り入れるようにしましょう。それだけでノリノリ度はアップします。（林）

Q2 ♥ 子どもたちと接するときに気をつける点は何でしょうか？

■子どもと接するときのトーン

小さな子は、やはり明るくてはっきりしているものに目を奪われるようです。暗い色よりも、カラフルな色の服を着ている方が、「せんせい、かわいい！」と思ってくれるみたい。顔の表情は「ニコニコ」

を心がけて。声のトーンははっきりと。大きな声、小さな声、ちょっとした間を意識して、話しかけましょう。

私も駆け出しのころは、子どもたちと遊ぶときは汗をかくほど、たくさん動いていました。それはそれで、若さあふれるお姉さんという感じでよかったと思うのですが、妊娠を機に動きを少なくし、その代わり、声色や話し方の変化で、大きく動いているように見せるようにしました。たとえば、手の動きひとつでも、声色が違うと、多彩な表情が作れるのです。

子どもたちからどのように見られているか、一度自分の姿をビデオに撮ってみるというのも効果的です。思いのほか早口でしゃべっていた、とか、声がキンキンしすぎている、などいろんな発見があるかもしれません。(須崎)

Q3 ♥ 活動の流れがぎくしゃくしてしまうのですが…。

■活動をひとつのストーリーに

活動全体が、ストーリー性をもったおはなしになるよう、内容を組み立てるのがポイントです。起承転結を大まかに決めておきましょう。子どもたちの様子を見ながら、言葉を投げかけていきます。

2～3歳の子どもたちには、保育者がリードしてストーリーを作っていきます。4歳以降になると、子どもたちからいろんなアイディアが出るようになるので、すかさずキャッチしていきましょう。

また、子どもたちの興味をひくような道具をあらかじめ用意しておきます。私の場合は、

- カラフルなおもちゃ楽器
- パペット、人形
    ①すばやい動きをするねずみ
    ②ぴょんぴょんはねるうさぎや、かえる
    ③のっそり動く、くまやぞうのぬいぐるみ
- フラフープ
- リレーで使われる円形のバトン
- スティック
- スカーフ
- ロープや色のひも

などです。シンプルな道具のほうが、見立てあそびに向いています。たとえば、円形のバトンはバスごっこでの「ハンドル」になったり、なめると空を飛べるようになる「キャンディー」になったりします。3歳以上の子どもたちは自分で色を選びたがるので、何色かバリエーションがあるものが人気です。
こういった道具を使って遊びながら、徐々にストーリーを進めていってみてください。最後は、歌や踊り、楽器のアンサンブルで活動を締めくくると、ひとつのおはなしを自分たちで作り上げた、という達成感が味わえるでしょう。(須崎)

Q4 ♥ どうすれば恥ずかしさを克服できますか？

■緊張や恥ずかしさを克服する

「難しい、失敗するかも、恥ずかしい」と思い込んで緊張してしまうときは、いったん思考をストップすることをおすすめします。こういうときは「ダメなひとだなあと思われたり、怒られるかもしれない」という根拠のない不安が広がり、マイナスイメージが強まって、失敗を招きがちになります。緊張や恥ずかしさを克服するには、マイナス思考をストップした状態で実践を行い、「やってみたら意外と大丈夫だった」「結構よかったかも」と思える経験を積むことが有効です。(林)

人前で発表する機会の少ない学生時代と違って、保育の現場は毎日が発表の機会のようなもの。絵本の読み聞かせ、手あそび、音楽あそび、歌の伴奏なども、毎日実践を重ねれば、緊張もだんだん少なくなってくると思います。(須崎)

Q5 ♥ 子どもを引きつけられるような、大きな声や通る声を出したいのですが…。

ちょっとした工夫で大きな声が出せるようになります。声を出すときの身体の使い方を意識してみましょう。いくつか方法を紹介します。(林)

■顔・首・肩マッサージ

大きな声や通る声を出すためには、身体や顔の凝りをほぐすこと

がとても大切です。凝りをとると通る声を出すためのの筋肉がよく動くようになります。肩や首も凝っていると通る声が出せませんので、凝りをとるようにします。

①顔：目の下のほお骨のあたりを引っ張ってほぐす。眉の下のくぼみを押し上げる。ほっぺたを引っ張って硬くなっている筋肉をほぐす。ほぐした後に垂れないように、斜め上に少し引っ張り上げてクールダウン。

②首：首を前に倒して、息を吸いながら半周回し、残りの半周は息を吐きながら回す。

③肩：上げ下げしてほぐす。手を組んでひっくり返して上にあげ、後ろにひっぱるように伸びをする。

■大げさあいうえお

大げさな表情でゆっくり「あいうえお」を言います。この要領で「か行」、「さ行」と続けます。声に出してもよいですが、大きな声を出せない場所なら、声を出さなくても十分効果があります。普通にしゃべったり歌ったりするときでも、表情が大きいほうが、声はよく通るようになります。

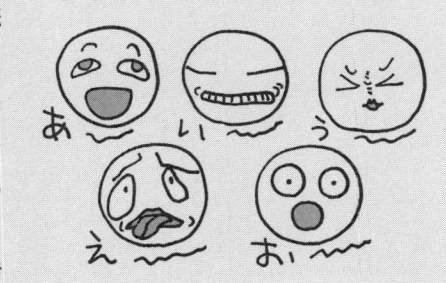

■犬のマネ

犬が暑いときにやるように「ハッハッハッハッ」と言ってみましょう。声は出さずに息だけでも効果があります。
速く短くやるバージョン ⇒ なるべく速くやってみましょう。
遅くしっかりやるバージョン ⇒ 「ハッ」と吐くときにお腹を引っ込めるよう意識してみましょう。
どちらもちゃんとやると、

腹筋がかなり疲れます。

■声を遠くに飛ばす意識を持とう

声をより遠くに届けようと意識するだけでも、声の通りがよくなります。しゃべったり歌ったりするとき、自分の後頭部から声が出て、頭の上を通り、しゃべっている部屋の後ろの壁まで届く、というイメージを持つようにしてみてください。そのように意識してしゃべることを続けるうちに、だんだん通る声になっていきます。

第2章

楽器であそぼう

　この章では、楽器を使った音あそびや即興、アレンジに挑戦します。
　子どもたちは楽器が大好き。せっかく園にあるいろいろな楽器を、めいっぱい使わないともったいないですよね。子どもたちには思い切り楽器に触れてもらいましょう。楽器による見立てあそびから、日常的にアンサンブルを楽しむ方法、音を注意深く聴くことや、いろいろな音があることを認識するあそびなどを経て、自発的に音を出すアンサンブルにつなげていきます。

2-1 楽器を自由に楽しむ

　幼稚園や保育園にはいろいろな楽器がありますが、使い方がわからなかったり、いつも同じ鳴らし方で飽きてしまった、などということはありませんか。子どもの音楽では、必ずしも一般的な演奏法に限定しなくてもよいと思います。楽器を使う際に気をつけることは「破損」と「取り合い」の2点だけ。発想を自由にふくらませて、楽しく楽器を演奏しましょう。この項では、おなじみの楽器をいつもとは少し違う方法で楽しみます。

●●●わくわく演奏法

【準備するもの】鉄琴、木琴、トライアングル、カスタネット、鈴、タンバリンなど園にある楽器。ピンポン玉やどんぐり、お手玉、紙、葉っぱ、ひも、など。
【対象年齢】4歳～6歳
【活動時間の目安】30分～60分
【ねらいと要領・指針】楽器を自由に扱うなかから、工夫して遊ぶ創造性が育つ。保育内容「環境」「表現」に対応。

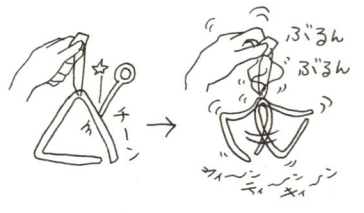

あそびかた

① 最初に「楽器を壊さないように大切に扱う」ことと「お友だちと使いたい楽器が重なったら譲り合う」ことを子どもたちと約束します。

② 楽器をひとつずつ見せて「この楽器はどうやって音を出すのかな？」と尋ねます。一般的な演奏法を知っている子が、何人かはいるでしょう。答えに出てきた一般的な方法をみんなで試してみます。

③ ②を十分楽しんでから、「じゃあ今日は、これを違う方法で演奏してみようか」と言って、以下のような演奏法を紹介します。1回の活動で楽器はひとつに絞ったほうがよいでしょう。

[鉄琴、木琴]
キラキラ鉄琴（コロコロ木琴）：たくさんつなげて演奏する
お向かい鉄琴（木琴）：2人で向かい合って演奏する

[トライアングル]
チッチーングル：ミュート（音を止める）技法を使って、音色豊かにリズムを刻む
ブルングル：叩いたあと、トライアングルを振って音を揺らしてみる
ガシャングル：いくつか重ねて置いて叩き、金属同士がぶつかる音を楽しむ

[カスタネット]
パクパクカスタ：動物の口をイメージして、なるべく速くパクパクしてあそぶ

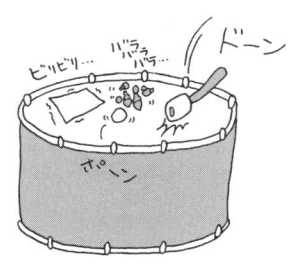

まぜまぜカスタ：箱に入ったたくさんのカスタネットを、くじ引きのようにかき混ぜる

[大太鼓]

太鼓トランポリン：大太鼓の叩く面を上にして、重くないものをいろいろ乗せて叩いてみる。乗せるものは、ピンポン玉やどんぐり、お手玉、紙、葉っぱなど。乗せるものによって音が変わり、跳ねる様子も見ていて面白いあそび

[鈴]

ひっつきリンリン：手首や足首（はめる）、腰（ひもに通して結ぶ）などに身につけて踊る。足首の場合は、足踏みするとリズムを取りやすい

[タンバリン]

おとなりタンバ：輪になって、となりのひとのタンバリンを叩く

ラケタンバ：ピンポン玉でバドミントン

④ ③を十分楽しんでから、「ほかにどんな面白い方法があるか探してみてね」と言って、みんなで好きに楽器を演奏します。

⑤ 10〜20分ほどしたら、新しく見つけた演奏法を発表し合い、その演奏法に名前をつけましょう。

ひとことアドバイス

　新しい演奏法に名前をつけると「この前のあれをやろうよ！」というように、繰り返し楽しめます。最初は子どもたちからまったくアイディアが出てこないかもしれません。ふだん大人から「あれやっちゃダメ、これやっちゃダメ」と言われ続けていると、自由にしてよいときでも自由にできなくなってしまうことがあるのですね。そんなときは「新しい演奏法を探す」のではなく、最初の約束二つを守ったうえで「自分の好きな楽器で、自由にあそんでいい」ということにして、しばらく子どもに時間を預けます。あれこれ試すうちにいろいろな「演奏法」を思いつくでしょう。（林）

2-2　木の実であそぼう

　木の実や葉っぱなど自然の素材も、子どもたちにとって想像力をふくらませる大事なあそび道具のひとつです。ここでは、「どんぐり」を使ってあそんでみましょう。どんぐりが楽器と出会って、素敵な音を奏でます。その意外性が、音に対する子どもたちの感性を豊かにしてくれることでしょう。どんぐりが床に落ちてはねる音、たくさんのどんぐりがごそごそ動く音、どんぐりが楽器とぶつかって偶然奏でる音楽などに耳を傾け、通常の演奏法とはひとあじ違った音の世界を広げていきましょう。

●●●●どんぐりのたいこ

【準備するもの】どんぐり、大中小さまざまな大きさのドラム、またはタンバリン、小太鼓、大太鼓、あればハンドドラムなど
【対象年齢】3歳〜6歳
【活動時間の目安】30〜40分
【ねらいと要領・指針】自然の移り変わりについて興味関心を育てる。保育内容「環境」「表現」に対応。

あそびかた

① 保育者は両手を上げてどんぐりの木になります。このとき、どんぐりをいくつか手に握っておきます。「先生はどんぐりの木だよ。みんな、どんぐりの実を落とせるかな？」と、声をかけます。

② 保育者が「どんぐりの木を揺すってごらん」と話しかけると、子どもたちは保育者をゆさゆさと押してきます。

③ 誰ともなく、「どんぐりおちろ、どんぐりおちろ！」などと言い始めて、だんだん気分が高まってくればしめたもの。それを見計らって、「とんぱらりーん！」「ぽとぽとぽとー」などと言いながら、どんぐりを上からパラパラ投げてみます。

④ 子どもたちはキャーキャー言いながら、どんぐりを拾います。

⑤ 保育者は、子どもたちがどんぐりを拾っている間に大太鼓やタンバリンを出します。大太鼓であれば、横向きに寝かせて置き、タンバリンや小太鼓は床の上に置いて膜面を上にします。

⑥ 保育者は、「あっ、お池があるよ！ お池にむかって、どんぐりをなげてみようか」と呼びかけます。どんぐりがうまく大太鼓に命中すると、「ボンッ」と大きな音がするので、子どもたちは夢中になって投げてくれるでしょう。タンバリンや小太鼓では違う音がするので、当てるものによって音が変化することを楽しみます。

⑦　大きなハンドドラムがあれば、そのなかにたくさんのどんぐりをいれて、ざざーっと波のような音がするのを楽しんでもいいでしょう。活動の前後で「どんぐりころころ」を歌って、イメージを深めてみてもいいですね。

●●●どんぐり木琴

【準備するもの】どんぐり、木琴、鉄琴
【対象年齢】3歳～6歳
【活動時間の目安】30分
【ねらいと要領・指針】保育内容「環境」「表現」に対応。

どんぐりを使った音あそびは、ほかにもいろいろあります。

◎　木琴や鉄琴に向かってどんぐりを投げると、ランダムな音が鳴るのでとてもきれいです。

◎　スタンドから外せる木琴や鉄琴、あるいはスタンドがついていない小型の木琴や鉄琴を、すべり台に見立ててどんぐりをすべらせます。保育者は木琴・鉄琴を斜めにして持ち、「どんぐりさんがすべり台をすべるよ。」と声をかけながらころころとすべらせてみましょう。とても素敵な音がします。

◎　木琴の下に小太鼓を置き、すべり台をすべったどんぐりが小太鼓の上に着地するようにしてもよいでしょう。「ころころころー、とん！」と、音を増やすことができますね。これには、0歳児も興味津々。じーっと見てくれます。

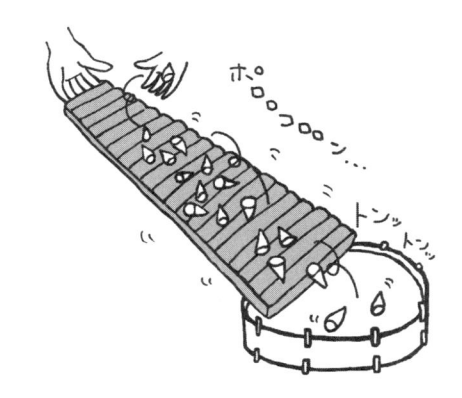

ひとことアドバイス

どんぐりの実には、虫が卵を産んでいることが多いので、拾ったら一晩水につけるか、軽くゆでるかして（どんぐりが割れやすくなるので10秒程度でよい）、乾かしてから使うと安心です。1歳半頃までは何でも口に入れてしまうことがあるので、どんぐりを口に入れないように、保育者はよく注意します。大勢であそぶ場合は、3歳以上の子どもに向いています。どんぐり以外では、くるみを2個持って手のひらですりあわせると、ギコギコ音が出て面白いです。（須崎）

2-3　なんの音？　どんな音？

　子どもたちのあそびのなかに、もっと楽器を取り入れてみましょう。楽器の音を何かに見立てることができると、活動の要所要所で効果的に使うことができます。たとえば、鍵盤ハーモニカは「はち」、マラカスは「水」、太鼓は「かみなり」、と考えるだけで、あそびの幅も広がります。あそびのなかで耳を澄ませいろいろな音を聴いているうちに、子どもたちの音に対する感性も豊かになっていきます。保育者も日頃から、楽器がどのような音に似ているか注意するようにしておけば、あそびのバリエーションが広がります。

●●●鍵盤ハーモニカではち

【準備するもの】鍵盤ハーモニカ
【対象年齢】1歳～6歳
【活動時間の目安】20～30分
【ねらいと要領・指針】動物、植物への興味関心を育む。注意深く他者の言葉に耳を傾ける態度を養う。保育内容「環境」「表現」に対応。

あそびかた
① 保育者は「はちがとんできたよ！」と、鍵盤ハーモニカの高音部分で「♪シドシドシドシド～」と連続して吹きながら、子どもたちを追いかけます。子どもたちは「キャー！」と逃げていきます。
② ひとしきり追いかけた後で、「静かに止まっていたら、はちさんも刺したりしないよ」と声をかけてみましょう。子どもたちが静止したら、そこに鍵盤ハーモニカで音を出しながら、ゆっくり近づいていきます。みんなの反応がとても楽しいあそびです。
③ 高い音だけではなく、低い音でも「♪シドシドシドシド～」とやってみましょう。さらにゆっくり子どもたちに近づいていきます。

●●●かみなり太鼓

【準備するもの】大太鼓（ない場合は、ピアノの低音部で代用可）
【対象年齢】4歳～6歳
【活動時間の目安】30分
【ねらいと要領・指針】注意深く聴き、音を動きで表現する。保育内容「言葉」「表現」に対応。

歩くという動作をしながら音に即座に反応する、ゲーム的要素の強いあそびです。

あそびかた

① 子どもたちはふたり一組になります。それぞれ「お家役」になる子と「子ども役」になる子を決めます。お家役になった子は床に座ります。歌に合わせて、子ども役の子はお家役の子の回りをぐるぐる歩きます。

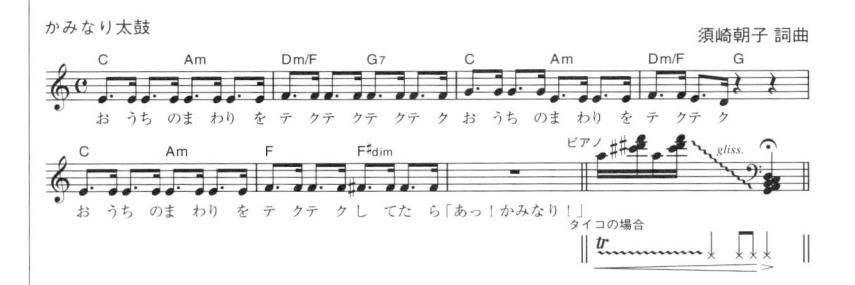

かみなり太鼓　　　　　　　　　　　　　　　　　　　　　　須崎朝子 詞曲

② タイミングを見計らって、保育者は「あっ、かみなりだ！」とかみなり音を鳴らします。「ピカピカ」という部分は、ピアノの高音を譜例のように弾いてもいいでしょう。保育者は「みんな、早くお家の中へ入って！」と言いながら、「ピカピカ」を繰り返します。

③ 子ども役の子は、すぐさまお家役の子と手をつないで座ります。保育者は、「ピカピカ」の後に大太鼓を「ドーン」とたたきます。太鼓の音がした時に座っていないと、保育者につかまってしまいます。

④ 子ども役とお家役を交代して、①〜③を繰り返します。音楽のスピードを速めたり遅くしたりして、変化をつけると、子どもたちも注意深くなります。

ひとことアドバイス

　いろんな楽器の音を聴いたり、演奏する機会を作ってあげましょう。鍵盤ハーモニカでは、高い音で「♪シドシドシド」、低い音で「♪シドシドシド」とすると、随分イメージが異なります。いろんな音域を使ってみましょう。「かみなり太鼓」では音を出すタイミングを工夫して、子どもたちが音楽に集中する雰囲気を作るのが大切です。音が静かになったときに、「みんな、音が静かになったよ。よく聞いて！」と音に注意を促すことも効果的です。（須崎）

2-4　いつでもアンサンブル

　アンサンブルというと、楽譜や楽器を用意し、時間をかけて練習して本番を迎えるもの、と考えがちです。確かに時間をかければ、舞台ばえ、聴きばえのするものになるでしょう。でも、「アンサンブルは大変。だから、発表会の時だけで十分」となってしまうのはもったいない気がします。「音楽する」喜びを身近に感じられるよう、アンサンブルを日頃から楽しむ方法を紹介します。即興的な要素を取り入れているので、楽器に触れる機会が少ない子どもたちでも、無理なくアンサンブルが進行します。

●●●●雨の音楽

【準備するもの】園にある楽器全部、スプリングドラムやレインツリー（なくても可）、ボウル
【対象年齢】3歳〜6歳
【活動時間の目安】30〜40分
【ねらいと要領・指針】他者とイメージを共有し、協力して表現する楽しさを分かち合う。保育内容「人間関係」「環境」「表現」に対応。

あそびかた

① 子どもたちは自分の好きな楽器を選びます。

② 保育者は「何だか空がくもってきたよ。雨が降ってきそう」と声をかけます。「これから雨が降りそうな感じを、小さな音で出してみよう」と言い、子どもたちといっしょに、楽器をこすったり触ったりするようにして、かすかな音を立てます。

③ 「ぽつぽつ、雨が降ってきたよ」ぽつぽつ、と楽器を鳴らし始めます。打楽器は指先で軽くはじくようにしてもいいですね。

④ 互いに音を聴きながら、少しずつ、楽器の音を大きくしていきます。次第に大きくなる音で、雨の降る様子を表現します。

⑤ 「かみなりがごろごろ鳴りだした！」手持ちの楽器を大きな音で鳴らしたり、スプリングドラムなどを使って、雷の落ちる様子を表現します。

⑥ 少しずつ小降りになり、やがて、雨があがります。楽器の音を小さくしたり、鳴らす間隔を間遠にして、徐々に音が消えていきます。

●●● 楽器でクッキング

【準備するもの】 タンバリン、ドラムスティック。おもちゃにしてよいキッチン用品(フライパン、ボウル、泡立て器、菜ばし、など)
【対象年齢】 3歳〜6歳
【活動時間の目安】 30〜60分
【ねらいと要領・指針】 身近な素材に興味を持ち、音や動きで表現する力を養う。保育内容「人間関係」「環境」「言葉」「表現」に対応。

あそびかた

① 保育者が「今日は○○ちゃん(くん)のお誕生日だから、みんなでケーキを作ろう!」と提案します。ひとりずつ材料を混ぜ合わせる道具(ドラムスティック、泡立て器、菜ばし)を用意して、ケーキ作りのはじまりです。

② 「まずたまごを割ります。みんなでやってみよう」用意したボウルに向かって、たまごを割り入れるまねをします。このとき、「コツコツ」「パカッ」「トロトロー」などと言って、雰囲気を盛り上げます。

③ 「次にたまごをかきまぜます」子どもたちは泡立て器やドラムスティック、菜ばしなどでボウルをシャカシャカとかきまぜます。

④ 保育者は「小麦粉やお砂糖を入れるよ」と言って、子どもたちのところへ行き、ボウルの上でタンバリンをトントンたたいて、材料をふるい入れるようにしてみましょう。その後ふたたび、子どもたちといっしょに音を立てて、材料をかきまぜます。

⑤ すべての材料を混ぜ合わせたら、保育者は「みんなでケーキになろうよ」と子どもたちに誘いかけてみましょう。全員で手をつなぎ輪になって、ケーキになります。ぐるぐる回ったり、みんなで身体を小さくしたり大きくしたりして、ケーキが焼きあがる様子を表現して楽しみます。

【発展】 ケーキだけでなく、カレーやシチューなど、他の料理を音で表現してもよいでしょう。おままごとあそびには関心を示さない男の子たちにも、意外と人気のあるあそびです。

ひとことアドバイス

「雨の音楽」では、料理用のボウル(金属製のもの)をたたいて、ぽつぽつと音を出してもよいでしょう。大きなボウルと小さなボウルでは音程が変わってくるので、大小さまざまなボウルを用意すると、音の多彩さを楽しむことができます。このほか音のアンサンブルにしやすいおはなしには、「祭り」「日の出から日の入りまで」などがあります。保育者が先導して、ストーリーを即興的に作りましょう。「楽器でクッキング」では、料理の材料を画用紙や折り紙、ビニールテープなどで制作すると、造形あそびにもなります。(須崎)

2-5 注意深く聴いてみよう

　ピアノやハンドベル、鐘などを1回鳴らすと、音は一番大きなピークをむかえた後、徐々に減衰して消えていきます。減衰して小さくなっていく楽器の音を、どこまで聴き取ることができるでしょうか？「音のしっぽ」という活動では、子どもたちは小さくなっていく音に耳をそば立てます。ふだん大きな音にかき消されがちな、小さな音に注意することは、子どもたちの音に対する感性を養う効果があります。子どもたちが音に集中できる環境をつくることは、保育者にとっても音環境（自然音、人工音）に対する意識を高める効果があるでしょう。

●●● 自分の「外」の音、「中」の音

【準備するもの】なし
【対象年齢】4歳〜6歳（大きな子のほうが向いていますが、2〜3歳でも行えます）
【活動時間の目安】10分
【ねらいと要領・指針】自分を取り巻く環境について改めて意識を向ける態度を養う。保育内容「環境」「言葉」に対応。

あそびかた

① 保育者は、「今日は自分の外の音を聴いてみよう。最初に目をつぶります。次にお口を閉じます。静かになったねえ。きっと回りからいろいろな音が聴こえてくると思うから、後で先生に教えてね」と伝えます。30秒〜1分くらい、静寂のなかで耳を澄ませます。

② どんな音が聴こえたか、子どもたちに尋ねます。となりのクラスの歌、園庭のあそび声、外の車の音、部屋のエアコンの音など、いろいろ報告してくれるでしょう。

③ 「じゃあ次は、自分の中の音を聴いてみるよ。みんなの身体のなかでは心臓が動いていたり、息を吸ったり吐いたり、おなかがいっぱいになったりへったり、いろいろなことが起こっているでしょう。きっといろいろな音が聴こえるよ。おしゃべりしないで聴いてみよう。耳をふさいで、目を閉じます。せーの」と伝え、30秒〜1

分くらい、自分の中の音を楽しみます。
④　どんな音が聴こえたか、子どもたちに尋ねます。きっとみんな想像力をうんと働かせて、思いもよらない言葉で聴いた音を教えてくれるでしょう。

●●●音のしっぽ

【準備するもの】ピアノ、ハンドベル、鐘など、音が持続する楽器
【対象年齢】3歳～6歳
【活動時間の目安】10分
【ねらいと要領・指針】音の減衰する仕組みを理解し、自然への興味関心を育てる。注意深く聴く力を養う。保育内容「環境」「言葉」に対応。

あそびかた
①　保育者は「今日は音のしっぽをつかまえるよ。音は鳴ったら消えていくよ。音が消える瞬間に、音のしっぽをつかまえられるかな？」と話しかけます。「手を出してパーにして聴くよ。音のしっぽをつかまえた、と思ったら、その手をグーにしてみてね」
②　ピアノやハンドベル、鐘など、持続音の出る楽器を1回鳴らします。ピアノの場合は、一番右のダンパーペダルを踏んで弾き、音が長く続くようにしましょう。子どもたちが集中して取り組んでいるのを確認しながら、何回か繰り返します。
③　「音のしっぽをつかまえられたかな？」と聞きます。いろいろな楽器が使える場合は、楽器を変えて楽しみます。

ひとことアドバイス

　この項で紹介した活動は、おはなしを静かに聞く前や、楽器であそぶ前のウォーミングアップにもなります。ただし、音に集中した後は、耳がとても敏感になりますので、直後に大きな音を出すのは控えましょう。子どもたちにも「耳がよく聴こえるようになっているから、しばらくは小さい音で楽器を鳴らそうね」と伝えてください。どちらの活動も、床に座るほうがリラックスでき、椅子の音もしないのでおすすめです。スペースがあれば寝転がるのもいいし、そのままお昼寝に移行してもよいでしょう。（林）

2-6 音の冒険

　園にある、ありったけの楽器を並べてみましょう。そして、何種類の楽器があるか、どんな音がするか、子どもたちと確かめてみましょう。楽器が勢ぞろいしている様子を見るだけでも、きっと子どもたちは大喜びですが、楽器の音色に親しむために、おばけ屋敷や迷路といった仕掛けを作ってみましょう。楽器の音色には「楽しい」「うれしい」「悲しい」「さびしい」「不安」といった、さまざまな感情を呼び起こす効果があります。子どもたちといっしょに楽器のおばけ屋敷や迷路を探検して、音色に対するイメージを豊かに広げましょう。

●●●楽器のおばけ屋敷

【準備するもの】園にある楽器全部、おばけに見えるちょうちん、おばけの絵など
【対象年齢】4歳～6歳
【活動時間の目安】30～60分
【ねらいと要領・指針】他者と協力し、コミュニケーションする楽しさを知る。物や遊具で工夫してあそぶ。保育内容「人間関係」「環境」「表現」に対応。

あそびかた

① 園にある、ありったけの楽器を用意します。部屋が手狭に感じられるような場合は、ホールなど広いスペースを使用してもよいでしょう。子どもたちに「今日は楽器のおばけ屋敷であそぶよ」と伝えます。

② 楽器をひとつずつ鳴らしながら、その音をおばけ屋敷のどんな仕掛けにするか、その音でどんなおばけが登場したら面白いか、子どもたちとやりとりしながら、決めます。最初は、保育者が例を示してもよいでしょう。

例：**鉄琴**（グリッサンドの要領で鳴らして）→ おばけの住んでいる部屋に続く通路の音
　　太鼓（軽くぽつぽつと鳴らして）→ しずくの垂れる音
　　笛（かすれるような弱々しい音で鳴らして）→ おばけが出てくる前ぶれの音

③ 子どもたちは残った楽器を自由に触って、音を確かめながら、おばけ屋敷の仕掛けを考えます。決まった順に楽器を並べます。仕掛けが完成したら、子どもたちと一緒に簡単におばけ屋敷の地図を書いておきましょう。

④ みんなで楽器のおばけ屋敷を探検してみます。音を出す子ども

たちと、探検する子どもたちに役割を分けてもいいでしょう。ふたりひと組になって、ひとりが目をつぶり、もうひとりが先導して探検すると、聴覚だけに集中できるので、より一層、想像力がかき立てられます。

●●●楽器の迷路

【準備するもの】園にある楽器全部、ピンポン玉、紙相撲など
【対象年齢】4歳〜6歳
【活動時間の目安】30〜60分
【ねらいと要領・指針】保育内容「人間関係」「環境」「表現」に対応。

あそびかた

① 園にある、ありったけの楽器を用意します。ホールなど広いスペースを使用してもよいでしょう。子どもたちに「今日は楽器の迷路であそぼう」と伝えます。

② 楽器をひとつずつ鳴らしながら、迷路のなかに置いていきます。

③ それぞれの地点で、その楽器を使う仕掛けを考えます。仕掛けが完成したら、子どもたちと一緒に簡単に迷路の地図を書いておきましょう。最初は、保育者が仕掛けの例を示すとよいでしょう。

例：**鉄琴** ピンポン玉を転がして、端から端まで音が出れば、OK（先に進んでよい）

　　太鼓 膜面に紙相撲を置いてトントンと叩き、相手に3回勝ったら、OK

　　ハンドベル 端から端まで全部音を鳴らしたら、OK

④ スタートから、仕掛けをすべてクリアして、ゴールまでたどり着けば、終わりです。

⑤ 子どもたちにも、どんな仕掛けがあったらいいか聞いてみましょう。

ひとことアドバイス

おばけ屋敷や迷路をつくるときに、小道具があると一層盛り上がります。おばけの人形、黒いポリ袋をくしゃくしゃにしたもの、天井からつるすちょうちんなど。こうした小道具を子どもたちといっしょに作ると造形あそびに発展します。「おばけが出そうだね」、「何の音？」、「何かが落ちている音がする」など、保育者が声かけをすると、子どもたちも耳をそばだてて、楽器の音により集中するようになります。（須崎）

2-7 輪になってあそぼう

　楽器のなかで、タンバリン、カスタネット、太鼓などの打楽器は、子どもたちに比較的扱いやすい楽器ですが、比較的導入が簡単な打楽器でさえ、子どもたちがリズムパターンを習得し、合奏するという段階に到達するには、かなりの時間と労力がかかることでしょう。この項では、子どもたちが自由に楽器で遊んでいるうちに、何となくアンサンブルになってしまう方法を紹介します。言葉のリズムに合わせてリズムを打っているうちに、いろいろな種類のリズムを覚えることができるでしょう。指揮者の登場によって、みんなと息を合わせてアンサンブルする楽しさを実感していきます。

●●●楽器の輪

【準備するもの】園にある打楽器系の楽器全部、人数分の椅子
【対象年齢】4歳～6歳
【活動時間の目安】20～60分
【ねらいと要領・指針】楽器に親しむとともに、他者と協力してひとつのアンサンブルを作り上げる楽しさを知る。保育内容「人間関係」「表現」に対応。

あそびかた

① 子どもたちは自分の好きな楽器を選び、みんなで輪になります。椅子が用意できる場合は、椅子に座ったほうがよいでしょう。輪の真ん中に指揮者がひとり立ちます。最初は保育者が指揮者をします。

② 保育者は「今から合図をするから、楽器を叩いてみてね」と言います。合図は自由に決めてかまいません。「せーの」「さんはい」「どうぞ」という言葉に自然に続く動作がよいでしょう。ただし、最初から自由にリズムを打つのは難しいことが多いので、1-4でご紹介した「すきなおやつはなあに？」（19ページ参照）を手拍子の代わりに楽器で行うことによって導入にします。

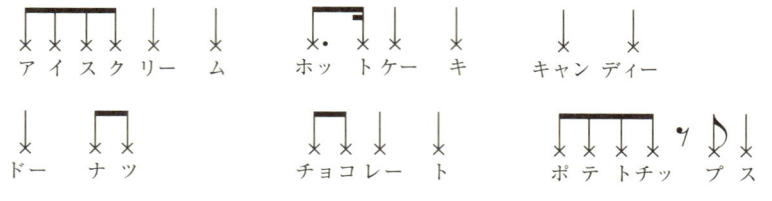

（「すきなおやつはなあに？」より）

「○○ちゃんのすきなおやつはなあに？」 → 「チョコレート」

③ 保育者はおやつのうち、「アイスクリーム」「ホットケーキ」「ドーナツ」「ポテトチップス」の絵を用意しておきます。絵を見せながら、みんなとそのおやつの名前のリズムを楽器で演奏します。
（アイスクリームの絵を示して）「せーの」 → みんないっしょに「アイスクリーム」と叩きます。

④ 保育者は、おやつの絵をみんなから見えるように並べて、「好きなおやつを選んで、そのおやつのリズムをたたいてみてね。好きなリズム

に途中から変わっても大丈夫だよ」と言います。子どもたちは思い思いに楽器を叩き始めます。

⑤　いろいろなリズムが聞こえ始めます。この段階を楽しんだら、指揮者は手で何人かまとめて範囲を示し、まわりのお友だちと同じリズムを叩くように言ってみてもよいでしょう。

⑥　子どもたちは自分のリズムを繰り返します。指揮者は頃合いを見計らって、「先生の手が上に上がったら、楽器の音をだんだん大きく、手が下がったらだんだん小さくしてみよう」と声をかけます。指揮者は、両手を翼のように広げて上下させます。子どもたちは、それに合わせて音量を上げたり下げたりします。

⑦　指揮者はキリの良いところで音をストップしたり、スタートしたりするとよいでしょう。メリハリがつくことによって音楽が生き生きとしてきます。「ストップするポーズ」「手をぐるぐる回して音楽を続けるポーズ」「楽器を連打するポーズ」などをあらかじめ決めておきます。状況に応じて、「ストップ」「そのまま続けて」「デタラメにたたいてみよう」などと言葉で指揮してもよいでしょう。

⑧　指揮者も楽器を持って、楽器の輪に参加します。サインをいくつか使って、音楽に変化をつけていきましょう。頃合いを見計らって、みんなをストップして、指揮者がソロで短いフレーズをたたきます。「みんなも、いっしょに！」子どもたちは同じリズムをたたきます。リズムを変えて何度か繰り返してみましょう。

〔発展〕子どもたちが指揮者をすることもできますが、慣れないうちは保育者が先導したほうがよいでしょう。また、2−4「雨の音楽」(46ページ参照) で示したように、ストーリーがあると、子どもたちも工夫して楽器で情景を表現しようとするでしょう。次のようにパートを割り振り、指揮者が「雷が鳴って来たよ」などと声をかけたり、ポーズでリズムに変化をつけていくと、アンサンブルとしてのまとまりが出てきます。

　　例：シンバル系の楽器　→　雷　　太鼓　→　雨　　トライアングル、鈴　→　太陽

ひとことアドバイス

　　長い時間のアンサンブルになると、子どもたちの集中力も途切れてしまうので、短い時間でテンポよくまとめていくようにしましょう。少し単調になってきた場合でも、指揮者のサインによって生き生きと音楽が動きだすことがあります。また、「1、2、3、4」と数字を繰り返しながら、決まったタイミングで楽器を鳴らしたり、音を大きくしたり、だんだんリズムを速くしていくと、盛り上がっていきますよ。(須崎)

2-8 音の大きさを意識しよう

　子どもたちは楽器が大好きなので、元気よく大きな音で鳴らしたがります。しかし、楽器を演奏する面白さは、大きな音を出すことだけにあるのではありません。いろいろな音量や音色が出せるようになると、演奏はぐんと楽しくなり、子どもたちの表現力は一気に豊かなものになります。
　この項ではまず、音量の違いをしっかり意識して、楽器を演奏します。「自分は、こんなに大きな音を出せる。こんなに小さな音も出せる」という体験は、子どもたちの自信につながることでしょう。

●●●世界一大きい音・小さい音

【準備するもの】園にある楽器全部
【対象年齢】4歳～6歳
【活動時間の目安】10～15分
【ねらいと要領・指針】イメージを意識的に音に反映し、表現する力を養う。保育内容「人間関係」「表現」に対応。

あそびかた

① 保育者は「今日は『世界一大きい音・小さい音』をやるよ」と呼びかけ、子どもたちは、めいめい好きな楽器を選びます。

② 「まず鳴らしてみるよ。せーの」という合図で音を出します。元気のいい音が出なかった場合は「今度は大きい音を出すよ！」と言って、もう一度合図をします。最初にある程度大きな音を出すことは、ためらう気持ちを吹っ切るウォーミングアップになります。

③ 「そうしたら、次は『世界一大きい音』を出してみよう。『世界一大きい音』ってどんな音？　どれくらい大きいかな？」と問いかけてみましょう。子どもたちとやりとりしながら『世界一大きい音』のイメージを十分膨らませます。

④ 「じゃあ、『世界一大きい音』を出そう。せーの！」と言って、みんなで音を出します。子どもたちは一生懸命やって、すっきりすることでしょう。

⑤ 「すごく大きい音だったねえ。そうしたら、次は『世界一小さい音』

を出してみよう。『世界一小さい』ってどのくらい小さいの?」と問いかけ、まず十分にイメージを膨らませます。「大きい音より小さい音のほうが難しいんだよ。みんなにできるかな?」などと言うと、子どもたちは、俄然やる気を出すでしょう。

⑥　今度は保育者も小さい声で「『世界一小さい音』を出すよ、せーの…」と言います。意外と音が大きかったら、小さい声で「もっと小さくできるよー」と言ってみましょう。

⑦　「すごく小さい音だったねえ。じゃあ、『真ん中の音』はどのくらいかな?」と言って、『世界一大きい』と『世界一小さい』のちょうど真ん中のイメージをふくらませます。「せーの!」で、音を出します。これで3種類の音量の違いを、しっかり出せるようになりました。

ひとことアドバイス

　余裕があれば、『世界一大きい』よりも小さく、『真ん中』よりも大きい『普通の大きい音』と、『世界一小さい』よりも大きく、『真ん中』よりも小さい『普通の小さい音』に挑戦してみます。これが出せると、5種類の音量をコントロールできることになります。一度この活動をしておくと、その後も「今は『普通の小さい音』だよ」などと言って、音量の違いを楽しみながら演奏に表わすことができるようになるでしょう。(林)

2-9 つながる音、かさなる音

　前項の活動では、子どもたちが同時に楽器を鳴らして音量の違いを表わしましたが、この項では、演奏する順番だけを決めておき、演奏するタイミングはひとりひとりが判断します。お友だちの音を聴いてイメージを持ち、そこにつなげる自分の音をイメージして音を出し、重なった音を聴いてさらにイメージを持つ、というシンプルながら奥深い音あそびです。みんなで協力して、ひとつの流れを作る喜びを味わうことができるでしょう。

●●●音のリレー

【準備するもの】園にある楽器全部
【対象年齢】4歳〜6歳
【活動時間の目安】15〜20分
【ねらいと要領・指針】みんなの音をよく聴いて自分の音を合わせる活動を通じて、主体性と協調性を育む。保育内容「人間関係」「表現」に対応。

【応用】この活動を繰り返し行なう場合は、最初の体験をもとに、楽器の選び方や音の鳴らし方を工夫してみるとよいでしょう。

あそびかた

① 子どもたちは自分の使いたい楽器を選び、輪になって座ります。
② 保育者は「みんなが選んだ楽器はどんな音がするのかな？　順番にひとりひとりずつ音を鳴らして聴かせて」と呼びかけます。このとき楽器によって、あるいは子どもによって、単音では物足りない気がする場合は、重音でも和音でもいいことにします。
③ みんなの音をひとつずつ楽しんで「いろいろな音がするね」と感想を言いあいます。ここでは選んだ楽器の音の面白さを確認します。
④ 「今度は、音でリレーをしてみよう」と提案します。「前のお友だちが鳴らしたのを聴いたら、すぐに自分の楽器を鳴らすよ。よーい、どん！」と言って、なるべく速く音をつなげます。ひとまわりしたら「もっと速くできるかな？　よーいどん！」とスピードを上げてみましょう。 
⑤ 1回に3周くらいする中距離リレーに挑戦してもいいでしょう。

●●●● 音の積み木

【準備するもの】園にある楽器全部
【対象年齢】4歳～6歳
【活動時間の目安】10～15分
【ねらいと要領・指針】音をつなげたり、かさねたりすることで他者と協調する気持ちが生まれる。保育内容「人間関係」「表現」に対応。

【発展】
・出す音を変えたり、楽器を変えたりします。
・音を鳴らし始める人や、回す方向を変えます。
・自分たちの演奏にタイトルをつけてみましょう。

あそびかた

① 子どもたちは自分の使いたい楽器を選び、輪になって座ります。
② 保育者は「今日は音の積み木をしてみよう。みんなで音を積み重ねていくあそびだよ」と説明します。
③ 「積み木を重ねる時、あわてるとくずれちゃうでしょう？ 音を重ねる時も同じだよ。ひとりずつ音が増えるたびに、全体の音も変わるよね。だから、前のお友だちが鳴らして音が変わったな、ということを聴いて確かめてから、自分の音を鳴らすようにしようね」と伝えます。
④ 最初の子どもから順番に音を重ねていきます。
⑤ ④で最後の子どもが音を出し、全員の音が重なったのを楽しんだら、一度音を鳴らすのをやめます。「今度は、ひとりずつ音を減らしていくよ。ひとりずつ音が減るたびに、どんどん音が変わるよね。前のお友だちが鳴らすのをやめて音が変わったな、ということを聴いて確かめてから、自分の音をやめるようにしようね」と説明します。
⑥ もう一度全員の音が鳴っているところから始めて、④で最初に鳴らした子どもから順番に、音を出すのをやめていきます。最後のひとりが音をやめたらおしまいです。

ひとことアドバイス

　音をつなげたりかさねたりする、一見シンプルな音あそびですが、子どもたちの成長にとって大切な要素がたくさん含まれています。保育者はこのあそびが、他者と協同しながらも自分を表現する活動だと認識して子どもに接するよう心掛けましょう。また、感覚で作り上げた抽象的な表現を、言葉に置き換えることは、6歳児くらいには十分可能で、興味を引く作業です。感覚と思考、感情のすべてを働かせ、子どもたちの可能性をどんどん伸ばしましょう。(林)

2-10 音で笑って、音で泣いて

今度は音に表情をつけてみましょう。同じ楽器でも、気持ちやイメージの持ち方を変えることで、バラエティ豊かな音色を出すことができますし、逆に、いろいろな気持ちやイメージを表わすために、楽器や音色を探しあてることも、とてもわくわくする活動です。気持ちを音で表現しようとすると、自分がどう思っているか、どうやったら相手に伝わるのか、と考えては試すことになります。また、お友だちが表現しようとしていることを想像するのは、他者の気持ちに配慮することにもつながるでしょう。

●●●音の喜怒哀楽

【準備するもの】園にある楽器全部
【対象年齢】4歳～6歳
【活動時間の目安】30～60分
【ねらいと要領・指針】音の表情の出し方を工夫するうちに表現方法への関心が生まれる。保育内容「人間関係」「表現」に対応。

あそびかた

子どもたちにとって、もっとも身近な感情表現である「笑うこと」と「泣くこと」から始めます。

① 子どもたちは自分の好きな楽器を選びます。
② 保育者は「今日は、笑うときと泣くときの気持ちを音でやってみるよ」と呼びかけます。
③「まず、笑う音だよ。笑う音が出せる楽器はあるかな？」と問いかけます。子どもたちは手持ちの楽器をあれこれ鳴らしてみます。保育者は「笑う音が出せた人は待っててね」と言います。
④「次は、泣く音だよ。さっき、自分の音は笑う音じゃない、と思った人は、泣く音をやってみようか」と声をかけます。子どもたちはそれぞれ楽器を鳴らしてみて、泣く音を出してみます。もし、子どもたちが笑う音、泣く音どちらにも決められなかったら、保育者がリードしましょう。楽器は、発音原理や素材で分けると違いが出やすく、楽しみやすいと思います。たとえば、以下のような分け方が考えられます（ただし、これはあくまでも目安です）。

木の打楽器　⇒　カスタネット、ウッドブロック、木魚、拍子木など
　　　　　　⇒　笑う音

金属の打楽器　⇒　トライアングル、シンバル、鈴など　⇒　泣く音

皮の打楽器　⇒　太鼓など　⇒　笑う音

吹奏楽器　⇒　鍵盤ハーモニカ、笛、アコーディオンなど　⇒　泣く音

弦楽器　⇒　ギター、ウクレレ、琴、三味線など　⇒　泣く音

⑤ めいめい選んだ楽器がどちらかに入るようグループ分けし、「それ

じゃあ、音で笑ってみるよ。せーの!」という合図で、笑う楽器の子どもたちが、笑う音を鳴らします。「次は、音で泣くよ。せーの…」と言って、泣く音の楽器の子どもたちが、泣く音を鳴らします。

⑥ 「今度は、先生が顔で笑ったり泣いたりするから、先生の顔が変わったら、それぞれの楽器のひとが音を鳴らしてね」と伝えます。保育者は最初、無表情にします。それから瞬時に笑ったり、泣いたり、表情を変えます。最初は少なくとも10秒以上、同じ表情をキープするようにしましょう。

慣れてきたら「怒っている気持ち」や「楽しい気持ち」に、感情や音色の種類を増やしていくとよいでしょう。

〔発展〕

・より具体的な設定を考え、その時どんな気持ちがするか、どんな表情をするか、子どもたちと話し合います。保育者が表情を表わし、それに音をつけてみましょう。

・さらにいろいろな感情や表情にも挑戦してみましょう。たとえば…

| 優しくあいさつする | せきたてる | 恥ずかしくて穴があったら入りたい | 眠くてうつらうつらする | 目がさめる |

ひとことアドバイス

この項では、音楽の抽象的な部分をしっかり楽しみましょう。気持ちを音で表現「できているかどうか」、具体的な設定が「わかるかどうか」の視点は不要です。それよりも、子どもたちが自分の気持ちを表現しようとして出した音、それ自体を「楽しむ」ことが大切です。いろいろな音色があることがわかると、子どもたちの表現の幅がぐんと広がるでしょう。(林)

2-11 音でおはなししてみよう

　音に表情があることや、音で気持ちを表現することを楽しめたら、次は音でおしゃべりをしましょう。音楽の面白さのひとつに、音でコミュニケーションをとること、があります。音そのものだけでなく、相手の視線や身ぶり・しぐさ、お互いの空気感などをやりとりするわくわく感を、この項で紹介するあそびで体験することができます。

　「おしゃべり音楽」は、音楽の本質的な部分に踏み込みながら、コミュニケーションそのものを深めることができる、とても貴重な音あそびです。表現分野だけでなく、人間関係においても、子どもの豊かな成長を促すことでしょう。

●●●おしゃべり音楽

【準備するもの】園にある楽器全部
【対象年齢】5歳〜6歳
【活動時間の目安】40〜60分
【ねらいと要領・指針】音の会話を通して楽器に親しむとともに、コミュニケーションへの関心を育む。保育内容「人間関係」「表現」に対応。

あそびかた

① 子どもたちは自分の好きな楽器を選びます。2つずつ選んで、演奏の途中で持ち替えてもよいでしょう。

② 保育者は「今日は音でおしゃべりしてみよう。まず、みんな一緒に同じ言葉を楽器で言ってみようね」と説明します。「おはようございます」「いただきます」などの挨拶のリズムをみんなで鳴らします。それができたら全体を2つのグループに分け、「いってきます」「いってらっしゃい」や「遊ぼうよ」「うんいいよ」など、会話になる言葉をリズムで鳴らしてみましょう。

例　おはよう ございます　　いただきます

　　いってきます　　　いってらっしゃい

※ 2−7「楽器の輪」(52ページ参照)のように、食べ物の名前でリズムを打ってウォーミングアップしてもよいでしょう。

③ 次に、保育者がリズムを鳴らしてクイズを出しましょう。何と言ったのか子どもたちが考えます。挨拶だけでなく、食べ物や動物の名前など、いろいろ試してみてください。いくつか試した後、子どもたちと出題者を交代しましょう。

※いろいろ考えることが楽しいあそびです。はじめはシンプルな言葉に

【ヒントの出し方例】
「いただきます」なら、手を合わせておじぎをするようなジェスチャー。「ごはん」なら、「どんなおかずにも合う食べ物だよ」と言う。

して、ジェスチャーをしたりヒントを出したりしましょう。

④　今度はクイズではなく、音のおしゃべりそのものを楽しみます。「いろいろな言葉を音にできたね。今度は、音でお友だちとおしゃべりしてみよう。お友だちの出す音を聴いて、音で答えてみてね」と声をかけます。子どもたちは2人ひと組になって、音の会話をします。

※いきなり抽象的に、音で会話しようとすると戸惑う子どもがいるようなら、「何をしゃべっているか想像して」「そのお返事を音で返す」といいよ、と伝えましょう。音のおしゃべりなら、お互い思っていた言葉が違っていても、何となく通じ合えるので大丈夫です。前項「音の喜怒哀楽」で、音で気持ちを表わす活動をたくさんしていると、表情を込めた短い音のやりとりが難なく展開できることでしょう。

⑤　しばらくペアで音のおしゃべりを楽しんだら、始め方と終わり方を相談して決め、順番にみんなの前で発表します。発表を見ながら、そのおしゃべりが何と言っているのか想像しましょう。発表が終わるたびに、みんなで感想を言いあいましょう。

ひとことアドバイス

　やってみると、なんだかクスクスと笑いがこみあげてきます。どんな言葉を音に置き換えたのか想像することは、正解でも間違いでも楽しい活動です。慣れてきたらもう言葉は関係なく、音そのものでおしゃべりを楽しみます。表現活動にそもそも「正解」はありません。そこが子どもたちの成長にとって大切なポイントです。想像力をふくらませて楽しむ、ということを大切にして、このあそびに挑戦してみてください。（林）

2-12 ダンス指揮

　この項では、みんなで指揮を見て、楽器を演奏することに挑戦します。指揮と言っても、両腕で拍子を刻んだり、表情をつけたりするのではなく、身体の各部を踊るように動かし、それを合図に子どもたちが楽器を鳴らすという活動です。指揮者が身体を動かしたら音を出し、止めたら音を出すのをやめるので、指揮者をよく見ていないと演奏できません。ダンス指揮に慣れてきたら、この章で体験した、さまざまな音量や音色、演奏法を駆使してアンサンブルを楽しみます。ひとりひとりが「自分の音」を出すことによって、その音が積み重なって「みんなの音」として調和することを、このあそびで体験しましょう。

●●● いっしょにゴー＆ストップ

【準備するもの】園にある楽器全部
【対象年齢】4歳～6歳
【活動時間の目安】30～40分
【ねらいと要領・指針】指揮者の動きをよく見て、自由に演奏する。楽器に親しむとともに集中力を養う。保育内容「人間関係」「表現」に対応。

あそびかた

① 子どもたちは自分の好きな楽器を選んで、座ります。
② 保育者は「みんな、指揮ってわかるかな？　手を動かしたり、棒で振ったりして演奏の合図をするんだけど、今日は先生が身体全体で動いて指揮をします」と呼びかけます。「先生が動いたら、みんな音を出してね。先生が止まったら、すぐ音をやめるよ。先生はいろいろな動きをするから、その動きみたいな音を出してみてね」と伝えます。
③ 保育者は最初、まったく動かないで、子どもたちが音を出せない状態から始めます。このように静寂をきちんと感じることも、音楽ではとても大切なことです。
④ 保育者が動き出します。ゆっくり動いたり、速く動いたり、大きく動いたり、細かく動いたり、リズムに乗ったり、リズムをなくしたり、いろいろな動きをやってみましょう。

⑤ 保育者の動きが変わるたびに、音楽も変わっていくことを確かめながら、活動を進めます。保育者の動きが、まるきりダンスになってしまってもかまいません。クラシックバレエや日本舞踊、ヒップホップやパントマイム風など、いろいろなダンスをすると、子どもたちも楽しんで、いろいろな音を出してくれるでしょう。

●●● 右手・左手・口

【準備するもの】園にある楽器全部
【対象年齢】4歳〜6歳
【活動時間の目安】20〜30分

あそびかた

「ゴー＆ストップ」に続けて、できるあそびです。

① 保育者は「今度はふたつのグループに分かれてやってみよう。先生の右手の動きに合わせる人と、左手に合わせる人に分かれるよ」と伝え、子どもたちは右手組と左手組に分かれて座ります。たとえば、以下のように分かれてもよいでしょう。

◎打楽器のみの場合：
　　右手 ⇒ 木や皮系（カスタネット、クラベス、太鼓など）
　　左手 ⇒ 金属系（鈴、トライアングル、タンバリンなど）
◎吹奏楽器がある場合：
　　右手 ⇒ 打楽器全部
　　左手 ⇒ 息や風系（鍵盤ハーモニカ、笛、にわとりやアヒルのおもちゃ楽器など）

② まったく身動きしないところからはじめて、右手と左手を、片手ずつもしくは両手いっしょに、緩急自在に動かします。保育者の動きが変わるたびに、音楽も変わっていくことを確かめながら、活動を進めます。

③ もうひとつ、口を増やします。「今度はちょっとむずかしいよ。先生が口を開けたら声を出してね。先生の手が動いていたら、楽器もいっしょに鳴らすよ。先生が口を閉じたら声をやめてね」と伝えます。

④ 子どもたちが混乱しないように、最初のうちは右手だけ、左手だけ、口だけ、と動かして、徐々に進めていきましょう。

●●● 全身使って7パート

【準備するもの】園にある楽器全部
【対象年齢】4歳〜6歳
【活動時間の目安】30〜40分

あそびかた

「右手・左手・声」に続けて「右手・左手・右足・左足・腰・頭・口」の7パートに楽器を分けます。楽器の種類がそれほど多くない場合は、「右手・左手・右足・左足」の4パートや、それに「口」を加えた5パートで行なってもよいでしょう。たとえば、カスタネットは右足、タンバリンは左足、鈴は右手、クラベスは左手、などと決めます。楽器の種類が豊富な場合は、金属系楽器は右足、太鼓やマラカスは左足、吹奏楽器は右手、木の楽器は左手、あひるやにわとりのおもちゃ楽器は腰、弦楽器

【指揮者の動き方例】
・音を大きくしたいときは大きく動く。音を小さくしたかったら、たとえば指先だけをちょっと動かしてみる。
・全部同じスピードで動かさず、速く細かく動いたり、能楽のようにゆっくり動くのも効果的。
・行進すると、右足と左足の楽器が交互に鳴る。
・腰や頭は動かすのを忘れやすいので、意識して動かす。
・腰や頭の動きはコントロールしづらいので、数が少ない、個性的な音の楽器をあてはめると効果的。
・口は半開きにならないように、はっきりと開け閉めする。

【応用】
子どもが指揮者をやるのもいいですよ。その場合は、「ゴー&ストップ」から始め、慣れてきたら種類を増やすとよいでしょう。

は頭、声は口、などと決めます。

① 子どもたちは、4〜7種類の楽器に分かれて座ります。

② 保育者は「みんな指揮に合わせるのがうまくなってきたねえ。今日は先生が全身を使って指揮をします」と伝えます。

③ それぞれの楽器を演奏する子どもたちが、指揮者のどこを見たらいいかを確認します。指揮をする保育者自身もはじめは混乱すると思うので、ホワイトボードなどに「たいこ・マラカス→ひだりあし／すず・タンバリン→みぎあし」などと書いておくとよいでしょう。

④ 子どもたちは、保育者の身体の動きに合わせて音を出します。保育者が止まっているときは音を出しません。保育者はいきなり全身を動かすのではなく、各部をひとつずつ動かすとよいでしょう。「この場所が動いたらこういう音が鳴るんだ！」ということを、子どもたちとともに確認していきます。慣れてきたら、2箇所以上同時に動かしたり、「ゴー&ストップ」のときのように、まるきりダンスのようになる場面が出てくると、動きとともにより多彩な音色を楽しめるでしょう。

ひとことアドバイス

　保育者がダンス指揮で面白い動きをすると、それだけで子どもたちは大喜びです。はじめは思ったように身体をコントロールできないかもしれませんが、コントロールできないことも大いに楽しみましょう。
　子どもたちが楽器を演奏していると、鍵盤ハーモニカや木琴・鉄琴などは、つい鍵盤に目を落として、ひとりで演奏に没頭しがちです。ダンス指揮は、音を出す時に保育者のほうを見ないとできないあそびなので、アンサンブルで合図を見るときの練習にもなります。（林）

楽器の使い方 Q&A

Q6 ♥ 子どもが楽器をこわしそうで心配です。

■楽器を扱う上での注意

2−1「わくわく演奏法」でも触れたように、子どもたちには、最初にふたつのことを伝えます。「楽器は大切に心をこめて鳴らそう」と「使いたい楽器がお友だちと重なったら、順番に使おう」です。そのふたつを守ったうえで、それでも夢中になってうっかりこわしてしまったときは、わざとではないので叱らないでくださいね。取り合いのけんかになりそうなときも、最初に約束したことを思い出して、順番に使うようにしましょう。(林)

Q7 ♥ 子どもたちに、どうやって楽器の使い方を教えたらいいのか、わかりません。

■ただあそびましょう

はじめてその楽器を使うときは、保育者が楽器の名前を言って、少し鳴らしてみせるとよいと思います。一般的な演奏法がわからないときは、インターネット上の説明や動画などで、事前にチェックしておきましょう。また、前述「わくわく演奏法」のように、「どうやって演奏したらいいと思う？」と子どもたちに聞き、みんなで新しい演奏法を開発するのも楽しいですよ。こわれたり、けがをするような使い方でなければ、新しい演奏法として受け入れるといいと思います。きっと今までよりも自由に楽器を楽しめるようになるでしょう。(林)

Q8 ♥ 音色があまり変わらない楽器の、表情のつけ方が知りたいです。

■音の表情がつけにくいと思われがちな、ごく一般的な打楽器の例

カスタネット ⇒ 手のひらでカンカン勢いよく叩く／人差し指と中指を交互に速く動かしてカタカタと鳴らす／両手で挟んでゴ

シゴシこする
* タンバリン ⇒ 皮の部分の音量が勝つくらいパンパン鳴らす／横のシンバルが鳴らないくらい皮の部分を指先でそっとトントンする／横のシンバルだけを振って鳴らす

* 鈴 ⇒ 鈴の部分を両手でつかんでもぞもぞ鳴らす／鈴の部分を爪ではじく／ハンドドラムや箱に1個或いは何個か入れて揺すって鳴らす

(林)

Q9 ♥ おすすめの楽器はありますか？

■楽器の揃え方

新しく楽器を買うなら、すべての楽器を人数分揃えるより、魅力的な音色の楽器を2〜3個ずつ揃えることをおすすめします。誰かが使っている魅力的な音の楽器を、他の子どもが使いたい場合も、そのほかにも同じくらい魅力的な楽器があれば、きっとすんなり順番を待てるでしょう。それに、魅力的な音がする楽器の種類が多いほうが、アンサンブルをしたとき、音楽が断然面白くなります。

魅力的な音がして、比較的こわれにくい楽器をいくつかご紹介します。安いものは100円から、ほとんどのものが5000円を超えずに購入できます（ただし、たとえば同じ「カリンバ」でも、数百円のものからプロ仕様の何万円もするものまで、いろいろあります）。おもちゃ楽器は価格が安く、同じ予算でいろいろな種類の楽器が揃えられるので、おすすめですよ。(林)

◆楽器店で買える
　おすすめ楽器

タマゴマラカス・フルーツマラカス／サウンドホース／スライド

ホイッスル／パフパフラッパ／ドレミパイプ／カズー／レモ社の
ロリポップドラム（うちわ太鼓）

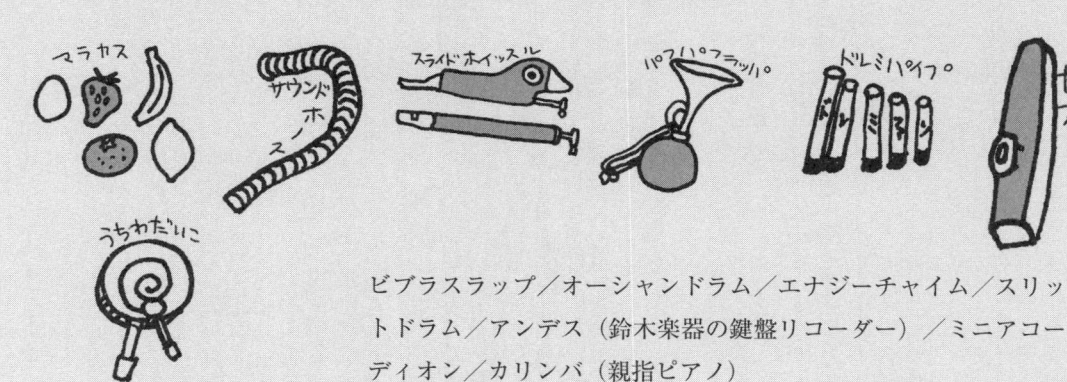

ビブラスラップ／オーシャンドラム／エナジーチャイム／スリットドラム／アンデス（鈴木楽器の鍵盤リコーダー）／ミニアコーディオン／カリンバ（親指ピアノ）

◆民族楽器店で買える
　おすすめ楽器

チャフチャス（やぎのつめ、もしくは木の実のシェイカー）／カシシ／ゴピチャン（一弦琴）／ドラ／ミニガムラン／カンカラ三線（沖縄物産店でも購入できることがある）

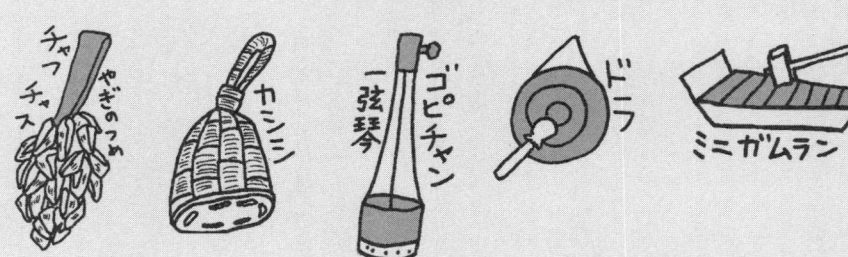

◆100円ショップで買える
　おすすめ楽器

ヘチョヘチョ鳴るトンカチ型のおもちゃ／台所用の金属ボウル／プラスチックのバケツ（ひっくりかえして太鼓に）

楽器の使い方 Q&A ● 67

◆**ヴィレッジヴァンガード などの雑貨店や ペットショップで買える おすすめ楽器**

押すと「ガー」と鳴くにわとりのおもちゃ／「チュー」と鳴るお風呂用おもちゃのアヒルなど

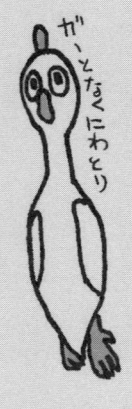

参考 URL
コマキ楽器 JPC ジャパンパーカッションセンター
　http://www.komakimusic.co.jp/
民族楽器コイズミ　http://www.koizumigakki.com/
鈴木楽器販売株式会社　http://www.suzuki-music.co.jp/
ヴィレッジヴァンガード　http://www.village-v.co.jp/

第3章

おはなしであそぼう

　子どもたちはおはなしが大好きです。家では、大人が自分だけに語りかけてくれるのをとても喜びます。園では1対1の読み聞かせはむずかしく、保育者がたくさんの子どもたちを相手に、〈おはなしの世界〉を共有する場面が多くなるでしょう。子どもたちにおはなしの魅力を伝えるためには、どのような工夫をしたらよいでしょうか。ここでは、たくさんの子どもたちを相手にするからこそ、いっそう楽しめる数々のアイディアを紹介します。

3-1 おはなしを語ってみよう

　子どもたちは〈おはなしの世界〉が大好き。絵本の読み聞かせをしているときの表情の真剣さ、目の輝きを見ていると、子どもたちが驚くほど集中力を持っていることに気づかされます。読み聞かせをした後、「もう１回！」と繰り返しをせがまれることもたびたびです。また、子どもたちは大人のする即興的な作り話にも興味津々で、次にどのような展開が待っているのだろう、と固唾（かたず）を飲んで見守ることもあります。〈おはなしの世界〉は子どもたちの想像力を育てます。この項では、〈おはなしの世界〉をより魅力的なものにする方法を、いくつか紹介します。

●●●絵本の読み聞かせ

［ポイント１］みんなの顔をゆっくり見わたしながら、要所要所で「みんなに語りかけるように」読みます。

　　例：「すると、おおかみは言いました」→（子どもたちの目を見ながらページをめくる）

［ポイント２］子どもたちの前で読む前に、何度か目を通しておきましょう。せっかく読み聞かせをするのに、棒読みだったり、つかえながら読むのは興ざめです。特に、セリフの部分は誰の言葉なのか、しっかり把握しておきましょう。登場人物のキャラクターに応じて、声色を変化させることにチャレンジしても面白いでしょう（子どもたちは基本的に、声色の違うセリフを聴くのが大好きです！）。登場人物が多すぎて、声色を忘れやすい場合は、自分用にメモをしておくと、あわてずにすみます。

　　例：いぬ　→　しわがれ声で
　　　　ねこ　→　甲高い声で、にやにやしながら
　　　　ぶた　→　とぼけた調子で

〔応用〕ピアノやキーボードに片手を置いて、効果音（次項参照）をつけながら読みます。絵本は、もうひとりの保育者にめくってもらうか、譜面台などに置いて、片手だけでページめくりができるようにします。

●●●絵本でコミュニケーション

【ねらいと要領・指針】注意深く聞く態度を養うとともに、イメージ豊かな言語活動を経験する。保育内容「人間関係」「言葉」に対応

[繰り返し言葉]

絵本では、同じ言葉が繰り返し用いられることがあります。その言葉を、子どもたちといっしょに楽しみましょう。たとえば、絵本『ひまわり』(和歌山静子作・絵、福音館書店)のなかでは、ひまわりの伸びる様子が「どんどこ どんどこ」という言葉で表わされています。保育者は読む前に「『どんどこ どんどこ』が出てきたら、みんなもいっしょに言ってね」と伝えます。保育者は子どもたちと息を合わせて「どんどこ どんどこ」を読みます。場面によって、声の大きさを変えたり、何度か繰り返してもよいでしょう。

[擬音語]

擬音語(音声を言葉で表現したもの)が多用されている絵本を読むときは、子どもたちといっしょにそれを言ってみるのも面白いでしょう。「雨がしとしと降ってきました」という文章であれば、保育者と子どもたちで「しとしと、しとしと…」と、何度も声色、音量を変えて繰り返して楽しんでみましょう。

[おはなしの世界]

読み聞かせをしながら、〈おはなしの世界〉であそびましょう。たとえば『七ひきの子やぎ』を読みながら、保育者は「みんな、おおかみに見つからないように隠れて!」と真剣に呼びかけます。保育者がおおかみのふりをして近づくと、子どもたちは思い思い部屋の片隅に隠れます。隠れた子どもたちに聞こえるように、そのまま読み聞かせを続けてもよいでしょう。

ひとことアドバイス

　読み聞かせをしたら、日付と題名を記録しておきましょう。毎日読み聞かせをする保育者も多いと思いますが、毎日のことだと、何を読んだのか意外と忘れやすいものです。記録があると、選んだ本の傾向を分析することができ、バランスのよい選択をすることができます。読み聞かせでは、保育者は子どもたちとのコミュニケーションを楽しむつもりで、子どもたちの反応にできるだけこたえられるとよいと思います。ただし、おはなしからあまり長い間、離れてしまうと興味を失ってしまう子どもたちもいるので、手短かにこたえるようにしましょう。(須崎)

3-2 なりきりあそび

　読み聞かせで子どもたちと〈おはなしの世界〉を共有したら、絵本の一場面を取り出して、登場人物になりきってあそんでみましょう。絵や言葉遣い、構成のしっかりした既成の絵本を使って、このなりきりあそびを存分に楽しんでおくと、いつか子どもたちとオリジナルのおはなしをつくっていく際、役に立つことでしょう。

●●●○ おおきなかぶ

【準備するもの】絵本、ロープなど、小道具
【対象年齢】3歳～6歳
【活動時間の目安】30～40分
【ねらいと要領・指針】イメージを豊かにし、自分で想像してあそぶ。保育内容「人間関係」「言葉」「表現」に対応。

あそびかた
① 絵本の読み聞かせをします。
② 「今日は、みんなでかぶを抜いてみよう」保育者が大きなかぶになって、子どもたちとつなひきをします。最初から全員とつなひきするのではなく、ひとりひとり登場します。
③ おじいさん役、おばあさん役、まご役…になりたい子どもたちを募って、順につなひきをしていきます。
「まず、おじいさんがやってきました。」
「次に、おばあさんがやってきました。」
「おじいさんがかぶをひっぱります。次に、おばあさんがおじいさんをひっぱります…」
…と、物語をなぞるように、みんなで演じます。
④ 子どもたちは力いっぱい引っ張ってきますが、保育者もできるだけ抵抗し、最後のねずみの登場まで耐えます。引っ張る人（動物）が増えても、「それでもかぶはぬけません」ということを上手に表わします。
⑤ 子どもたちの役割を、演技をする人、セリフをいう人に分け、一つの場面をお芝居として見せられるように完成させてもよいでしょう。その場合、どうすれば見ている人が楽しめるか、子どもたちと話し合いながら演出を考えます。十分発表会の演目になりますので、繰り返し同じ場面を練習してみましょう。

●●● シンデレラ

【準備するもの】絵本
【対象年齢】3歳〜6歳
【活動時間の目安】30〜40分
【ねらいと要領・指針】イメージを豊かにし、自分で想像して遊ぶ。保育内容「人間関係」「言葉」「表現」に対応。

あそびかた
① 絵本の読み聞かせをします。
② 保育者は「今日は、かぼちゃを馬車に変身させるよ」と提案します。「みんな、かぼちゃになります」子どもたちが思い思いのポーズでかぼちゃになりきったのを見届けたら、保育者は「今から呪文をかけるよ」と言います。「ぴぬさゆ・ぴぬさゆ…（1-10「おまじないあそび」で考えた呪文を唱える）、馬車になれ！」
③ 子どもたちが馬車になろうとしたら、保育者はすかさず「あれ？魔法をかけそこねて牛になっちゃった。みんな、牛になれ！」と言ってみましょう。子どもたちは、牛になりきって「モーモー」と鳴いたりするでしょう。
④ 保育者は「もう一度呪文をかけるよ。ぴぬさゆ・ぴぬさゆ…馬車になれ！」と言います。
⑤ 子どもたちが馬車になろうとしたら、保育者はまた「きゃー、大変！ 怪獣になっちゃった」と言ってみましょう。今度は怪獣に変身です。このような繰り返しを何度かやってみましょう。
⑥ 1-7の「おさんぽあそび」を応用し、馬車でお城へお出掛けしましょう。お城に着いたら軽快な音楽にのって、ダンスパーティーをしてみると、さらに盛り上がることでしょう。

ひとことアドバイス

ここであげた絵本以外にも、ほとんどの絵本には、子どもたちと実演することのできる場面が含まれていると思います。絵本を読み聞かせするときに、子どもたちが演じることのできる場面が含まれているかどうか、考えてみる習慣をつけておくとよいでしょう。
〈おはなしの世界〉で遊ぶコツは、先に絵本の読み聞かせをして、イメージをみんなで共有しておくこと。そして基本的に、悪役は保育者が引き受けることです。子どもたちは保育者を敵だと思って、真剣にぶつかってくることがあります。お互いケガをしないように、十分注意しましょう。（須崎）

3-3 効果音にこだわってみよう

　絵本や紙芝居、おはなしに効果音をつけると、いつもとは違った雰囲気に、子どもたちはいっそうストーリーに引き込まれることがあります。また、なかなか集中力が持続しない子どもたちも、効果音が聴こえるとおはなしに耳を傾けることがあります。効果音は、おはなしのどこに注意を傾けるべきか、どこを注意すれば面白くなるかを、子どもたちに伝えるうえでとても効果的です。子どもたちにおはなしの世界の論理を理解させ、おはなし好きにする第一歩として、効果音を取り入れてみましょう。ここでは読み聞かせに使えそうなフレーズを紹介します。

●●●こだわり効果音

【ねらいと要領・指針】イメージを豊かにする経験を重ね、注意深く聴く態度を育てる。保育内容「言語」「表現」に対応。

★絵本を読み始めるときのテーマソング

おはなしはじまるよ　　　　　　　　　　　　　　　須崎朝子 詞曲

読み聞かせのテーマソングが始まると、子どもたちは、期待感からシーンとなります。その前の活動から気分を変える効果があります。

★何かこわいものがでそうなとき

効果音1　　　　　　　　　　　　　　　須崎朝子 曲

★本当にこわいものにあったとき

効果音2　　　　　　　　　　　　　　　須崎朝子 曲

★わくわくするとき

効果音5　　　　　　須崎朝子 曲

（何度かくり返す）

★楽しい気分のとき

効果音3　　　　　　　　　　　　　　　須崎朝子 曲

★何か見つけたとき

効果音4　　　　　　　　　　　　　　　須崎朝子 曲

●●●読み聞かせへの導入

こだわり効果音で作ったいくつかの曲を用いて、誰もが知っている『赤ずきんちゃん』を読んでみましょう。

① 読み聞かせのテーマソングを聴きながら、車座になって保育者を囲みます。[♪おはなしはじまるよ]

② 「むかしむかし、あるところに『赤ずきん』というとてもかわいい女の子が住んでいました」[♪効果音3]

③ 「ある日、赤ずきんはお母さんからお使いを頼まれました。病気で寝ているおばあさんのもとに、ワインとお菓子を届けてほしいというのです。赤ずきんはそこでワインとお菓子をかごに入れて、森のはずれにあるおばあさんの家に出かけることにしました」[♪効果音5]

④ 「おばあさんの家は森を抜けたところにあります。森に入ると、赤ずきんにおおかみが話しかけてきました」[♪効果音1]

⑤ 「赤ずきんや、どこへ行くのかい？」「おばあさんにワインとお菓子を届けに行くの」「そこにきれいなお花が咲いているから、おばあさんに持っていくといい」赤ずきんはお花を摘みます。[♪効果音3]

⑥ 「おおかみはその間におばあさんを食べてしまいました」[♪効果音2]

⑦ 「赤ずきんはおばあさんのお家に急ぎます」[♪効果音5]

⑧ 「赤ずきんはおばあさんのお家につき、おおかみ扮するおばあさんと会話をかわします」

「おばあさん、なんて大きなお耳。」「おまえの声がよくきこえるようにさ」[♪効果音1]

「おばあさん、なんて大きなおめめ。」「おまえが、よくみえるようにさ」[♪効果音1]

「おばあさん、なんて大きなお口。」「おまえをたべるためにさ」[♪効果音2]（音量を次第に大きくし、食べる場面で音量が最大に）

ひとことアドバイス

効果音をつけながら読み聞かせをする時は、絵本を譜面台におくとよいでしょう。それが難しい場合は、絵本を読む人と効果音をつける人で役割分担をするか、ページめくりのときだけ楽器から手をはなすという方法がよいでしょう。また、普段の読み聞かせではそれが負担な人は、参観日などの特別な機会にぜひチャレンジしてみてください。ここで挙げたのはあくまでも一例なので、自分なりにオリジナルの味付けを加えてみましょう。（須崎）

3-4 ワンフレーズの曲を作ってみよう

　読み聞かせや紙芝居にちょっと音楽を入れてみたい、と思っても、既成曲を歌ったり、CDをかけたりするのが精一杯、ということはありませんか？　それも楽しいけれど、オリジナル曲を入れたら、もっと盛り上がるはず。まずはワンフレーズから、気楽に始めてみましょう。伴奏は入れても入れなくても、シンプルなメロディーで十分楽しめます。まずは、物語全体を表すテーマソングを作り、おはなしの最初や最後に置いてみましょう。

●●●ワンフレーズ・テーマソングを作ろう

【準備するもの】ピアノやキーボード、鍵盤ハーモニカなど、音階のある楽器、五線紙（いずれもなくても可）
【対象年齢】4歳～6歳
【活動時間の目安】30～40分
【ねらいと要領・指針】言葉の楽しさ、美しさに気づき、イメージや言葉を音楽的に表現する気持ちを育てる。保育内容「人間関係」「言語」「表現」に対応。

あそびかた

① おはなしに出てくる登場人物の名前や、題名などを、子どもたちといっしょに声に出し、繰り返ししゃべってみます。抑揚やリズムをつけて、いろいろ試してみましょう。

例：『3びきのこぶた』　⇒　「さんびきのこぶたっ」「さぁんびっきーのこっぶったっ」「さんびきのこぶた…」

② しゃべっている音とリズムを、鍵盤にあてはめてみて、五線紙に書き取ります。音符が苦手なら、書き取らなくても大丈夫。みんなで何回も繰り返ししゃべり、覚えてしまいましょう。

（→　なんかちょっと詰まった感じがするなあ）

③ 書き出したメロディーを歌ってみて、歌いやすいかどうかをチェックし、口ずさみやすいように手直しします。また、短いと感じたら、同じフレーズを繰り返したり、別のフレーズを付け足してみます。

（→　もっとゆったりと弾む感じにしだら、歌いやすいかも）

（→　よくなった気がする。1回じゃ短いから3回繰り返そう。最後に鳴き声をつけてみよう）

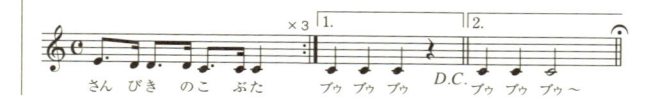

④　イメージに合うような伴奏をつけます。完成！

さんびきのこぶた　　　　　　　　　　　　　　　　　　　　林加奈 詞曲

●●● 簡単な伴奏のつけ方（応用編1）

① ワンフレーズ・テーマソングが白鍵だけで作られていたら、次の3種類の和音のうち、少なくとも1種類はいっしょに弾いてしっくりくるものがあるでしょう。メロディーによっては2種類の組み合わせや、3種類の組み合わせがしっくりくる場合もあります。1種類でも十分伴奏になるので、まずはしっくりくる和音のひとつめから見つけましょう。

- ◎　ミソ（ドソ、ミソ、ドミでもOK）
- ◎　ファラ（ドラ、ファラ、ドファでもOK）
- ◎　レソ（シソ、レソ、シレでもOK）

② しっくりくる和音が決まったら、どんなリズムで弾くかを決めます。慣れていない場合は、ごくシンプルなリズムにしましょう。たとえば4拍子なら、伴奏は「ジャ　ー　ー　ーン」と4拍分伸ばしてもいいですし、「ジャン、休み、ジャン、休み」でも、「ジャン、ジャン、ジャン、ジャン」でもいいと思います。

●●● ワンフレーズ挿入曲（応用編2）

ワンフレーズ・テーマソングと同じ方法で歌詞だけ抜くと、ワンフレーズ挿入曲を作ることができます。おはなしのなかに挿入曲を効果的に入れるポイントは、次のとおりです。

◎**登場人物のテーマ曲**：事件のない、「日常」を表わすシーンで挿入します。曲調が安定しているものが向いています。性格に合わせて4小節くらいあると、その人物が登場するたびに使えます。

林加奈 詞曲

おおかみくん　おおかみくん　おおかみ　くーん

◎**物語に変化が起きたとき、情景を表わす曲**：もうじき嵐がくる、という時など、それを予感させる曲があるといいですね。おや？という感じの曲調が向いています。

第3章　おはなしであそぼう　●　77

林加奈 詞曲

もうすぐ あらしが くるよ

◎登場人物の心情を表わす曲：嬉しいことや悲しいことが起こったり、誰かが怒っていたりするとき、登場人物の感情を盛り上げます。

林加奈 詞曲

やったねー

◎場所を表わす音楽：たとえば、魔法の国に行った、電車が走り始めたなど、音楽があると場所をイメージしやすくなります。

でんしゃがはしる

林加奈 詞曲

でんしゃがはしる　でんしゃがはしる　ゴーゴゴー　ゴーゴゴー

ひとことアドバイス

　　コマーシャルソングを作るつもりで取り組むと、印象に残るフレーズを思いつきやすくなります。コマーシャルソングは、商品名を短いメロディーに乗せて繰り返し、視聴者の記憶に残るよう工夫しています。テーマソングも挿入曲も、時間が経つと忘れてしまうので、完成したらすぐ記録しましょう。五線紙が苦手なら、録音したり、図形や言葉でメモするなど、自分なりの思い出しやすい方法で試してみてください。（林）

伴奏のつけ方 Q&A

Q10 ♥ ピアノ伴奏が苦手です。どうやったらうまくなりますか？

■コードを覚えよう

コードを覚えると、簡単にいろいろな曲の伴奏ができるようになります。簡単な伴奏法を覚えて、実践していくうちに、次第により複雑な方法が身に着きます。まずは、チャレンジしてみましょう。

◎コードの基本、ハ長調（Cメジャー）の３つのコードを覚えましょう！

① ドミソ 【Ⅰ（1度）、Cの和音】

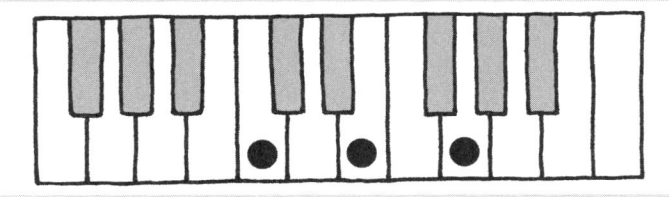

② ドファラ 【Ⅳ（4度）、Fの和音】

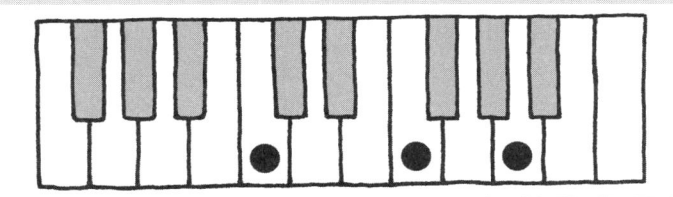

③ シファソ 【V_7（5度セブンス）、G_7の和音】

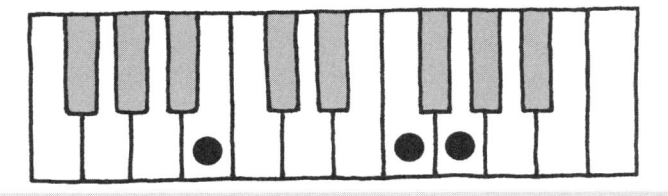

まず、ひたすら、この３つのコードを左手で弾けるように練習しましょう。指の移動が少ないので、何度も練習していると、鍵盤を見なくても、この３つのコードは弾けるようになります。

左手で和音を弾くと、右手はメロディーを弾きたくなりますが、両手での演奏に自信がない場合は、メロディーを声に出して歌っ

てみるのもひとつの手です。また、楽譜どおりのメロディーを弾くと、ここで覚えた伴奏と合わないときがあります。それはその曲がハ長調以外の調で書かれている（♯や♭のついた楽譜）からかもしれません。その時は、ハ長調に移調して伴奏をするとうまくいくことがあります。**Q12** を参照してください。（須崎）

Q11 ♥ キーボードを使いこなしたいのですが、何から始めたらいいのかわかりません。

■自動伴奏機能を使おう

キーボード（電子鍵盤楽器）には自動伴奏機能がついているものが多いので、それを効果的に使ってみましょう。「ロック」「サンバ」「ジャズ」などのリズムを選んで、曲に合わせてコード（あるいは、和音のベースとなる一番低い音）を弾くと、そのリズムに合わせた伴奏が自動的に演奏されます。コードに対応して伴奏も自動的に変化していくので、歌を歌ったり、右手でメロディーを弾くことに専念したり、子どもたちと一緒に踊ることもできます。

★1コードの曲
「きのこたいそう」（16ページ参照）
→　リズムは「サンバ」を選ぶ。「ドミソ」の和音を押してみましょう（ドの音を押すだけで、Cコードで自動伴奏が始まることもあります）。時折、「フィルイン」ボタンを押して、リズムに変化を付けてみましょう。
「かえるの歌」（27ページ参照）
→　リズムは、レゲエが似合います。テンポは♩=60ぐらい

★2コードの曲
「がたがたバス」

```
がたがたバス                                志摩 桂 詞・フィンランド曲
         C
ガタガタバス   ガタガタバス   はしります   はしります
         C              C  G7  C    C  G7  C
どこまでいくの  どこまでいくの   ブーブーブー  ブーブーブー
```

→　リズムはロックが合います。「ドミソ」と「シファソ」の和

音を使います。
※2コードで弾ける曲には、ほかにも「山の音楽家」や「ぶんぶんぶん」があります。

★3コードの曲

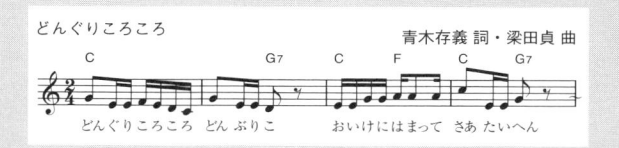

きらきらぼし　　　　　　　　　　　　　　　　　武鹿悦子 詞・フランス曲

どんぐりころころ　　　　　　　　　　　　　　　青木存義 詞・梁田貞 曲

自動伴奏機能が現場で便利なのは、コードを変えたいときだけ、鍵盤を押さえればいいところです。子どもの表情を観察したり、子どもの目を見ながら歌ったり、音楽的な制約から開放されて、自由に活動をすることができます。是非、試してみてください。キーボードには自動伴奏機能のほかに、いろいろなリズムパターンや音色が内蔵されているので、表現活動に活かせるものを探して積極的に使ってみましょう。（須崎）

Q12 ♥ 移調とは何ですか？　どうやったらいいのでしょうか？

■移調とは

Q10で、ハ長調（Cメジャー）の主要な3コードについてみましたが、幼稚園や保育園でうたわれる曲には、ハ長調以外の曲（♯や♭のついた楽譜）もたくさんあります。
たとえば、「ちゅうりっぷ」の原曲はヘ長調です。

ちゅうりっぷ　　　　　　　　　　　　　　　　　近藤宮子 詞・井上武士 曲

楽譜の最後に注目します。

「ララソソファ」を「ミミレレド」と置き換えて、「ちゅうりっぷ」を弾いてみましょう。

こうすると、ハ長調でも「ちゅうりっぷ」を弾くことができます。曲全体の調を変えることを移調といいます。

ハ長調で弾くメリットは、
　①今まで覚えた3コード（C－F－G₇）のみで演奏できる
　②黒鍵を使わなくてよいので、弾きやすい
では、逆にハ長調（Cメジャー）以外の調で弾くことのメリットは何でしょうか。
　①自由に移調できると、声域にあわせて、歌いやすいキーで弾くことができる
　②他の楽器と合わせやすい
伴奏に自信が持てないうちは、ハ長調に直して演奏するというのも一つの方法です。ハ長調でコードの基本を覚えて、少しずつ他の調のコードも覚えていきましょう。よく使われる調は長調ではト長調とヘ長調、短調ではイ短調です。

ぜひ、こちらも覚えておいてください。子どもたちが歌いにくいときに、移調して弾くことができるでしょう。（須崎）

第4章

オリジナル作品をつくろう

　子どもたちの個性あふれるアイディアを拾いあげて、オリジナル作品に仕上げましょう。創作活動のよさは、子どもたちの個性をすべて肯定でき、正解が決まっていないので失敗することもない、ということです。この章では、オリジナルストーリーやオリジナルソングを作り、それらを組み合わせて音楽劇などのパフォーマンスにする方法を紹介します。みんなのアイディアを寄せ合って、世界にひとつしかないオリジナル作品を作り上げる過程を楽しみましょう。

4-1 おはなしリレー

　子どもたちと協力して、ひとつのおはなしを作り上げる方法を紹介します。ひとことひとこと、リレーのように言葉をつなげて、おはなしにします。短い言葉で次につなぐので、思わぬ方向に話が展開して、子どもたちも大いに盛り上がります。また、ベースとなる昔話を決めてから始めるので、ゼロから考える難しさもありません。準備もいらず、即興的にできるので、オリジナル作品づくりの導入に最適な活動です。

●●●ひとこと昔話

【準備するもの】なし（必要に応じて、劇の小道具）
【対象年齢】5歳～6歳
【活動時間の目安】20～60分
【ねらいと要領・指針】他者とイメージを共有し、協力する楽しさを経験する。様々な言語表現を身につける。保育内容「人間関係」「言葉」「表現」に対応。

あそびかた

① 5～10人ずつのグループになり、輪になって座ります。「今日は昔話のリレーをやるよ」と伝えます。

② 「みんなはどんな昔話が好きかな？」桃太郎、浦島太郎、赤ずきん、シンデレラなど、子どもたちがよく知っている昔話のなかから、もとになるおはなしを選びます。

③ 座っている順に、ひとことずつテンポよく、おはなしをリレーしていきます。できるだけ短い言葉で、前の人から間を置かず、次々とつないでいきます。

「むかしむかし」→「あるところに」→「おじいさんと」→「おばあさんが」→「住んでいました」→　…

④ もともとの設定を生かしつつ、自由におはなしを続けてもかまいません。

「かわのうえから」→「おおきなみかんが」→「流れてきました」→　…

⑤ おはなしが終わるところまで、みんなで言葉をリレーして、オリジナルの昔話を完成させてみましょう。

「みかんたろうは」→「鬼が島で」→「鬼たちと仲良く」→「暮らしました」
（おしまい）

●●●4つの場面

あそびかた

① 「これから『ひとこと昔話』のお芝居をやるよ」と伝えます。保育者は、

「ひとこと昔話」で完成させたユニークなおはなしを、子どもたちといっしょに思い出しながら書き出します。

② 次に、おはなしの核になる、4つの場面を取り出します。子どもたち自身で決めるのが難しい場合は、保育者が助言しながら進めましょう。

③ 4つの場面を、見ている人に伝わるように、ひとつひとつ静止画のように演じます。4コマ漫画のように、実際に絵を描いてから始めてもよいでしょう。

こんなかんじかな
① みかんがおよいできた
② みかんがおなかへったといった
③ ごはんをたべさせてあげた
④ みかんはげんきになった

【発展】4つの場面から保育者が台本を書き、オリジナル作品として舞台化してもよいでしょう。

④ 各場面にはどのような登場人物が出てきますか？ どのような小道具が必要ですか？ 登場人物の衣装や小道具を、子どもたちといっしょに考えて作ります。

〔応用〕ひとこと昔話で「即興劇」
進行中の「ひとこと昔話」を、その横ですぐさま演じます。

あそびかた
① 子どもたちを「おはなし隊」と「演じ隊」の2グループに分けます。
② 「おはなし隊」は横一列に並んで立ち、「演じ隊」はその前の空間で、聞いたままを演技します。練習に「みかんたろう」をやってみてもよいでしょう。

③ 「それじゃあ、本番行くよ！」「おはなし隊」が自由におはなしを始めます。「演じ隊」はひとことずつ、からだを動かしてユニークなおはなしを表現します。「おはなし隊」もリアルタイムで自分の言葉の効果を確認できるので、ストーリーを面白くしようと、いろいろ工夫するでしょう。

ひとことアドバイス

面白さをねらって、「…と思ったら、実は…」「ところが、…」などと、前の人のストーリーをひっくり返すような言葉が繰り返し登場することがあります。自分の言葉を相手に受け止めてもらい、自己肯定感をもつという経験を大切にしたいので、活動に入る前に、できるだけ前の人の言葉を受け止めて話を展開するように伝えておきましょう。場合によっては、保育者が輪の中に入ってストーリーを盛り上げてもよいでしょう。（須崎）

4-2 絵からオリジナルストーリーをつくる

　図形から連想される絵を描き、その絵をもとにしてオリジナルストーリーをつくります。描いた絵はそのまま紙芝居にすることができます。はじめて取り組むときは、保育者が中心となっておはなしを考えます。保育者のやり方を見ているうちに子どもたちも夢中になって、いろいろ意見を言ってくれるようになるでしょう。慣れてきたら、子どもたちだけのグループで取り組んでみてもよいでしょう。

●●●○△□（まる・さんかく・しかく）紙芝居

【準備するもの】人数分の画用紙、絵の具や絵筆、サインペンやクレヨンなどの画材
【対象年齢】5歳～6歳
【活動時間の目安】40～90分
【ねらいと要領・指針】抽象的なイメージを形にし、さらに言語化することを通じて創造性が育まれる。保育内容の「人間関係」「言葉」「表現」に対応。

あそびかた

① 保育者は事前に、すべての画用紙に「○、△、□を組み合わせたシンプルな図形」を描いておきます。園の紙芝居の枠が使用できる場合は、サイズを確かめておきましょう（市販の枠は、たいてい八つ切りサイズです）。枠を使わないなら、どんな大きさの紙でもかまいません。

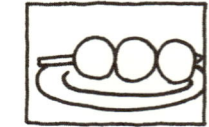

② 保育者は図形を描いた画用紙を1枚子どもたちに見せ、「これ何に見えるかな？」とたずねます。たとえば、○が3つ横につながった絵で「おだんご」というアイディアが出たとします。それを受けて、保育者はみんなの前で串や皿を描き足します。基本的に最初に出たアイディアを取り入れていくのが、スムーズに活動を進めるコツです。

③ 保育者は子どもたちに1枚ずつ図形入り画用紙を配り、「その形が何に見えるか考えて、さっきみたいに何か描き足してみようね。あとでその絵を使って、みんなで新しい紙芝居を作るよ」と伝えます。紙芝居の枠に入れる絵を描く注意を3つ、子どもたちに説明します。

　ひとつめは「みんなの絵がそろうように、画用紙を横長にして描く」、
　ふたつめは「端に描くと見えにくくなるので、あまり端のほうに大事なものを描かない」、
　みっつめは「紙芝居にしたとき遠くからよく見えるように、線や色をはっきり描く」です。

④ できあがった絵を全部集めてシャッフルし、4枚ずつに分けます。

4枚ずつに割り切れなかったら、同じ絵を二度使ってもいいし、最後の紙芝居を5〜7枚で作ってもかまいません。

⑤ 4枚1組の絵を1つずつ見ながら、みんなで紙芝居をつくっていきます。手順としては、4枚の絵をさらにシャッフルし、1枚ずつめくりながら子どもたちとおはなしを考えます。あえて順番のまま、次の絵を見ずに、反射的に言葉にしていくほうがうまくいきます。みんなで考えたおはなしの最初に「はじまりはじまりー」、最後に「おしまい」と付け加えると、すっかり紙芝居らしくなるでしょう。

⑥ すべての組み合わせで、紙芝居をつくります。完成作をみんなで鑑賞してもよいでしょう。

〔活動の留意点〕

◎ 次々におはなしを作ると前のおはなしを忘れてしまうので、できあがるたびに保育者が簡単に書き留めておきます。

◎ この活動では「おはなしらしさ」や「起承転結」にはこだわらなくてもかまいません。子どもたちのアイディアをどんどん取り入れ、おはなしをつくること自体を保育者もいっしょに楽しみましょう。

〔応用〕

おはなしができたら、紙を半分に折って貼り合わせ、絵本にすることもできます。絵に直接文字を書き入れてもいいし、ひとまわり大きな紙に貼り直して余白に文字を書いてもいいでしょう。カラーコピーすればみんなに配ることができます。

ひとことアドバイス

やってみると不思議なもので、ばらばらに見えた絵がちゃんとおはなしのようにつながって見えます。ひとりで考えるより、みんなで考えたほうが他人のアイディアに刺激を受けて、発想がふくらみます。

説明を読んだだけでは難しく感じられるかもしれませんが、もとになる絵が完成しているので、やってみるとできてしまうものです。保育士を目指す学生たちの授業でも「難しいかと思ったら、意外とすんなり楽しくできた」という意見が多数でした。楽しんで挑戦してみてくださいね。（林）

4-3 オリジナルソングのつくり方

　ふだんの保育活動のなかでは、季節の歌をみんなで歌うことが多いと思いますが、特別な時には、オリジナルソングを歌ってみませんか？　きっと既成の曲を歌う以上に盛り上がるはずです。
　まず、歌詞のつくり方です。歌詞を一気につくろうと思うと難しく感じてしまいますが、ここで紹介する方法は、テーマに関連するキーワードを並べて、みんなであれこれつなげていく方法なので、とても簡単です。みんなでああだこうだ言いながら、楽しんで考えていると、ひとりでつくっていたら絶対できないような面白い歌詞が生まれてくるでしょう。メロディーづくりについては、改めて次項で説明します。

●●●キーワードで歌詞づくり

【準備するもの】ホワイトボードとマーカー（あれば大きめののり付き付箋）
【対象年齢】5歳～6歳
【活動時間の目安】20～30分
【ねらいと要領・指針】みんなで協力して歌詞をつくることにより、言語感覚と協調性が育まれる。保育内容「人間関係」「言葉」「表現」に対応。

あそびかた

① 保育者は「これから、みんなでうたを作ろう」と呼びかけます。まず、歌にしたいテーマ（「運動会を頑張ろう」、「おいも掘り」「遠足が楽しみ」「野菜がすくすく育つといいな」など）について、子どもたちと相談します。

② 歌にしたいテーマが決まったら、そのテーマソングをつくります。子どもたちから歌詞に入れたい言葉（キーワード）を聞き取ります。保育者はそれをホワイトボードに書き出したり、大きめののり付き付箋に書いて、貼り付けていきます。

③ 書き出したキーワードをみんなで眺めながら、歌詞を整理していきます。短い文章にできそうなところはキーワードをつなぎます（あとでメロディーをつくる時に言葉を足したり引いたり、順番を入れ替えたりするので、この段階で、完全に決まりというわけではありません）。みんなで声に出してみて、すらすらとリズムよく口に出せるものであれば、あとでメロディーに乗せやすいでしょう。

〔活動の留意点〕

◎ 子どもたちからたくさん言葉が出てくる場合は、あまり多いとまとめるのが大変なので、ひとりいくつ、と決めるとよいでしょう。

◎ 出てきたキーワードは、なるべく全部使いましょう。「この言葉は使いにくいから」とか「この言葉は気まずいから」と却下しはじめると、アイディアが出にくくなったり、収拾をつけにくくなったりします。(後掲、Q14・15参照)「そこにある言葉をみんな使うパズル」だと思って、楽しみながら考えます。足りない言葉がでてきたら追加してもよいでしょう。

◎ 子どもたちは、テレビアニメや戦隊ものが大好きですが、流行のキャラクターが出てくるとそのイメージに引っ張られてアイディアが出にくくなるので、「どこにもない、○○ぐみ、△△園だけの歌にしようね」と伝え、既製のキャラクターやそれに伴う言葉は避けるように説明します。

○○レンジャー！
…はオリジナルじゃない
○ン○ンマン！
もオリジナルじゃない
子どもたちは意外と
オリジナルなものを作る
ことが少ないと
気づきます

〔著者が5歳児と行った、テーマソングの歌詞づくりで出た言葉の例〕

例1

テーマ：夏

キーワード：新幹線、バイク、海、水、暑い、…

歌詞：

新幹線にのって行こう

暑いからバイクでビューンと行こう

海でキャーって聞こえるよ

遊ぶときは気をつけてね

水に ぽちゃん

ぽちゃん　ぼちゃん

例2
テーマ：遠足
キーワード：遠足、お弁当、エビフライ、バス、お花畑、動物園、ぞうさん
歌詞：
遠足に行こう
バスにのって行こう
お弁当はエビフライ
お花畑に行こう
動物園に行こう
ぞうさんに会いたいな

ひとことアドバイス

　アイディアを出しやすくするには、とにかくはじめは却下しないことがポイントです。子どもたちは、自分の意見を受け止めてもらえることがわかれば、どんどんアイディアを出すようになるでしょう。逆に、納得できる説明もなく、いつの間にか自分の意見がはずされたりすると、子どもたちは傷つくのがこわくてアイディアを出せなくなってくるので注意しましょう。また、保育者が子どもたちに歌をプレゼントしたい時にも、この方法は使えます。特別な機会には、保育者が歌をプレゼントしてもいいかもしれませんね。（林）

4-4 メロディーのつくり方 その1 （つぶやき編）

　前項で掲げた歌詞にメロディーをつけてみましょう。3－4で紹介した「ワンフレーズ・テーマソング」を、さらに発展させます。この方法は、「つぶやき」を「はなうた」にして、ワンフレーズずつ「適当に」メロディーをつくり、後からそれをどうしたいか、みんなで考える、という流れです。まずは、子どもたちといっしょに、のびのび楽しんでつくってみましょう。

●●●つぶやきメロディー

【準備するもの】五線紙、筆記用具、ピアノかキーボード
【対象年齢】5歳～6歳
【活動時間の目安】30～40分
【ねらいと要領・指針】つぶやきを曲にする過程で言葉のリズムや楽しさに目を向けるようになる。保育内容「人間関係」「言葉」「表現」に対応。

あそびかた
① 「今日はみんなでつくった歌詞を歌えるようにしてみよう」と呼びかけます。子どもたちと声を合わせて、歌詞を読みます。ここでは前項で紹介した『新幹線にのって行こう』を例にします。
② 最初につくりたい曲のイメージをつかみます。「どんな感じの曲にする？」とたずねます。明るいか、暗いか、踊れるか、きれいか、ゆっくりか、速いか、など。ここでたくさん意見が出ると収拾がつかなくなるので、最初に出た意見でイメージを固めていきます。もし、正反対の意見（「静か」と「うるさい」など）が出たときは、じゃんけんなどでどちらかに決めましょう。
③ 「ワンフレーズ・テーマソング」と同じように、つぶやきからメロディーを作っていきます。最初の1行を声に出して、何回か読みます。いろいろなメロディーやリズムにして、はなうたで歌います。子どもたちの意見も聞いて、メロディーを確定します。

（「新幹線にのって行こう」とくりかえしつぶやいているうちに、こんなメロディーになりました）
④ 残った歌詞を眺めながら、続きを作ります。ひとつのフレーズを何度か繰り返すと、歌らしくなるので、最初のメロディーに残りの歌詞が合うか確かめてみましょう。
（ 「暑いからバイクでビューンと行こう」を最初のメロディーで歌ってみると、子どもたちが「いいよー」と言ってくれました。でも、「ビューンと行こう」

第4章 オリジナル作品をつくろう ●91

新幹線にのって行こう　　　　　　　　　　　　　　　　　　　　　林加奈 曲

しんかんせんに　のっていこう　あつーいから　バイクでビューンと　いーこう

の部分が余ってしまったので、この部分だけ何回かつぶやいて、メロディーを新しく作りました。その結果、このようになりました)

⑤　続きの歌詞も同じメロディーで歌えるか試し、うまくいかない部分は、③と同じようにつぶやきからメロディーを作ります。
(「海でキャーって聞こえるよ」と「遊ぶときは気をつけてね」も偶然、最初のメロディーで合いました)

⑥　すべて同じメロディーだと、単調になってしまい、曲を終わらせるのもむずかしいので、適当なところでもうひとつメロディーを考えます。「水に　ぽちゃん」とくりかえしつぶやいてみます。

みずにぽちゃん　みずにぽちゃん　みずにぽちゃん

(つぶやいているうちに、こんなメロディーになりました)

⑦　曲の終わり方を考えます。1つめのメロディーに戻って終わるか、2つめのメロディーのまま終わるか、歌ってみてしっくりくるほうに決めます。最後に収まって終わるか、盛り上がって終わるか、についても、歌ってみてしっくりくるほうに決めます。

林加奈 曲

みずにぽちゃん　みずにぽちゃん　みずにぽちゃん　プールにゴーゴー　ゴー！

(くりかえしが続くと終わる感じがしないので、「プールにゴー！」という言葉を入れることにしました。はなうたでいろいろ歌ってみて、セリフのように「プールにゴーゴーゴー！」と言って終わるようにしました)

●●●● つぶやきメロディーの「奥の手」

あそびかた

はなうたがうまく出てこないときは、「音の高さを適当に決める」という「奥の手」を使います。例として、前項で紹介した『遠足に行こう』という歌詞に曲をつけます。

①　「最初の音はどの音にする？　ドレミファソラシから選んでね」「じゃあ、次の音は上がる？　下がる？　何個上がる？　これでいい？」子どもたちに聞きながら、歌詞に合わせて音程を決めます。

②　ワンフレーズできあがるごとに歌ってみて、音が飛び過ぎて歌いに

くいところを直したり、どこを伸ばすか、どこで休むかを、相談しながら決めていきましょう。

えんそくにいこう
バスにのっていこう

(「遠足に行こう」の音の高さを、まず決めます。「バスに乗って行こう」も同じメロディーにします。音程だけ決めて弾いてみると、伸ばす音も何となく決まります)

③　次に「お弁当はエビフライ」のメロディを同じように作ります。

お べ ん と う は　エ ビ フ ラ イ

④　「お花畑に行こう」「動物園に行こう」「ぞうさんに会いたいな」のメロディーも、同じように作ります。あまり聞いたことがない感じになりましたが、それがかえって新鮮です。

1. えんそくにいこう　　おべんとうは　エビフライ
　　バスにのっていこう
2. おはなばたけにいこう　ぞうさんに－　あいたいな
　　どうぶつえんにいこう

⑤　通して歌ってみると、音程が高くて歌いにくかったので、移調（81ページ参照）して1音下げました。完成！

遠足にいこう　　　　　　　　　　　　　　　　　林加奈 曲

1. えんそく　に　いこう　　おべんとう　は　エビフライ
　　バスにのって　いこう

ひとことアドバイス

「適当に」と言われると、どうしたらいいかわからなくなる、という方も多いでしょう。そういう時は「失敗したらどうしよう」とか「できないんじゃないか」というマイナス思考をひとまずストップし、とにかくひとつでもメロディーを作ってみるとよいでしょう。くりかえしがあると歌らしくなるので、作ったメロディーを何度も使うつもりでメロディーづくりを進めていくと、やりやすくなります。もし、今までに聴いたことのないような曲ができたら、「こんなのもあり！」と大喜びして、楽しんでしまいましょう。（林）

4-5 メロディーのつくり方　その2（コード編）

　前項では「つぶやき」を「はなうた」にしてメロディーをつくりましたが、この項では、コード（伴奏）を先に決めてしまう方法を紹介します。適当に決めたコードをくりかえすだけでノリが出てきて、メロディーを思いつきやすくなるから不思議です。コードを弾くと手一杯になってしまい、はなうたが出にくくなると感じたら、キーボードの自動伴奏機能（80ページ参照）を活用しましょう。伴奏を流しっぱなしにして、思いつくままいろいろなメロディーで歌ってみます。

●●● 2つのコードをくりかえす（方法）

【準備するもの】五線紙、筆記用具、ピアノかキーボード
【対象年齢】5歳～6歳
【活動時間の目安】30～40分
【ねらいと要領・指針】自分たちで歌詞や曲をつくることによって、表現意欲を育む。保育内容の「人間関係」「言葉」「表現」に対応。

あそびかた

① 4-3「オリジナルソングのつくり方」を参考にして、歌詞を作ります。

② コードを2つ選びます（コードについては79ページ以下参照）。子どもたちに選んでもらってもいいのですが、キーボードが苦手な保育者は、あらかじめ弾きやすいコードを組み合わせておくとよいでしょう。次の3パターンのいずれかにすると、黒鍵があまり出てこないメロディーを考えやすいので、おすすめです。三和音が弾きにくければ、単音でも大丈夫です。

　　パターン1：G（ソシレ）、C（ソドミ）　単音なら低音で ソ、ド
　　パターン2：C（ドミソ）、F（ドファラ）　単音なら低音で ド、ファ
　　パターン3：F（ドファラ）、G（レソシ）　単音なら低音で ファ、ソ

③ 選んだコードを繰り返します。慣れないうちは、リズムも次のようなシンプルなものがよいでしょう。

④ 選んだコードに合うように、はなうたを歌ってみます。保育者は「こんな感じ？　もっとこう？」と子どもたちに聞きながら、ワンフレーズずつつくっていきます。よさそうなメロディーを思いついたら、そのつど五線譜に書き留めるか、録音するようにしましょう。

⑤ 用意しておいた言葉（歌詞）に全部メロディーがついたら、全体をつなげて歌ってみましょう。直したいところがあれば、子どもたちと相談して直します。

〔手直しが必要な場合〕
◎ 音が高すぎたり、低すぎたりする ⇒ その音だけ上げたり下げたりする／全体を移調する（81ページ参照）
◎ 言葉を詰め込みすぎている ⇒ 音の長さを倍にする／言葉を少し変える
◎ 息つぎがしにくい ⇒ 休符を入れる
◎ 曲が単調 ⇒ メロディーの種類を増やす／既成曲を参考に構成を考える（108ページ参照）

●●●2つのコードをくりかえす（実例）

【準備するもの】五線紙、筆記用具、ピアノかキーボード
【対象年齢】5歳～6歳
【活動時間の目安】30～40分

① 「A B C D E F G」とコードネームを書いておき、そのなかから適当にアルファベットを2つ選びます。たとえば、ここではD（レ、ファ♯、ラ）とE（ミ、ソ♯、シ）が選ばれたとします。

ちなみにDとE以外は、
　A（ラ、ド♯、ミ）
　B（シ、レ♯、ファ♯）
　C（ド、ミ、ソ）
　F（ファ、ラ、ド）
　G（ソ、シ、レ）
に対応しています。

② コードをじゃん、じゃん、とくりかえし弾いてみます。三和音が弾きにくければ、単音でも大丈夫です。キーボードの自動伴奏に切り替えてもよいでしょう。伴奏を聴きながら、鼻歌を歌っていると、次のような歌詞とメロディーができました。

③ できあがったメロディーに合うように、歌詞の続きを考えます。このメロディーだけだと曲が単調だったので、はなうたでもう1種類メロディーを作りました。全体をつなげて歌ってみましょう。直したいところがあれば、子どもたちと相談して直します。

④ 全体をつなげて歌ってみましょう。直したいところがあれば、子どもたちと相談して直します。

おいもほりのうた　　　　　　　　　　　　　　　　　　　　　　　林加奈 詞曲

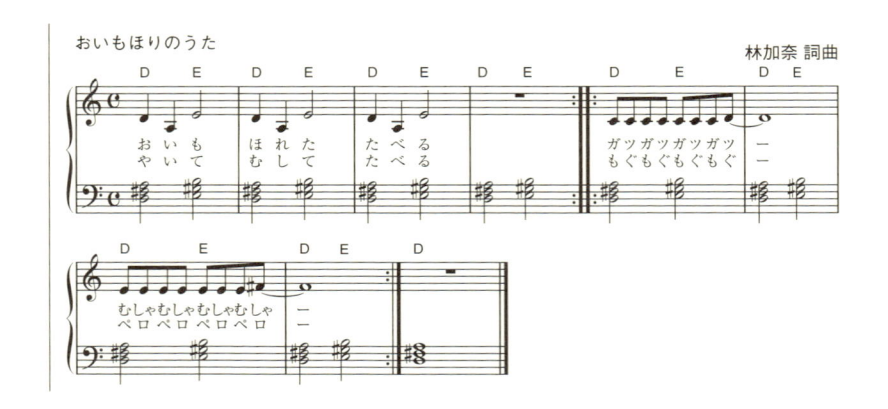

おいも やいて
ほれ たむして
たべる たべる
ガツガツガツガツ
もぐもぐもぐもぐ
むしゃむしゃむしゃむしゃ
ペロペロペロペロ

とれた〜！

ひとことアドバイス

　もしスムーズにメロディーづくりが進まなくても、1回の活動で終わらせずに、気長に取り組んでみましょう。最初から長い曲やおはなしをつくろうとすると、とても難しく感じられるので、短いものから少しずつつくりましょう。私自身、最初は曲を作れるとは思っていなかったし、緊張もしました。少しずつつくっていくうちに緊張がとけ、みんなで（あるいはひとりで）つくってみて、だいたいいつも「いい歌だなー」と思える曲ができるようになりました。（林）

4-6 「ごっこあそび」から「おはなし」へ

　子どもたちの大好きなごっこあそびから、オリジナルストーリーをつくってみましょう。ここでは、子どもたちに人気の、魔法使いになるための学校を舞台にします。魔法使いになるため、各地から「魔法学校」に集まってきた生徒たち。この学校で生徒たちは数々の魔法を習得し、思いがけない試練の待つ、卒業試験の旅へ出発します。はたして生徒たちは無事試験に合格し、魔法使いとして独り立ちすることができるでしょうか。

●●●魔法学校あそび（毎日の活動）

【準備するもの】画用紙、黒画用紙、絵具、ペンなどの筆記用具、黒いポリ袋、新聞
【対象年齢】5歳～6歳
【活動時間の目安】30～60分×数回分（継続的に取り組みます）
【ねらいと要領・指針】協力し、共有したイメージであそぶ。多彩な表現手段を用いて、自分でつくったもので遊ぶ。保育内容「人間関係」「言葉」「表現」に対応。

あそびかた

① はじめに、「これからみんなで『魔法学校のおはなし』をつくるよ。少しずつ考えて、うたもつくって、発表会でみんなに見てもらおう」と伝えます。いろいろな魔法使いが出てくる絵本を日頃から読んでおく、などの取り組みを踏まえて行なうとよいでしょう。以下の活動は、毎日少しずつ取り組みます。

② 最初に"魔法学校のテーマソング"をつくります。まず、子どもたちと"魔法学校の名前"を考えます。次に、「魔法使いって、どんな感じ？」と問いかけ、その答えをメモします。それらをまとめて歌詞をつくります。

　学校の名前：「まほ・まほ・まほうがっこう」
　魔法使いの感じ：こわい、くろい、帽子をかぶっている、魔法など
　歌詞：われらはこわーい　くろーい
　　　　ぼうしをかぶった　まほうつかーい
　　　　にんげんのせいかつを　じゃまする
　　　　われらのがっこう　まほ・まほ・まほうがっこう

③ 歌詞ができたら、前項まで（「メロディーのつくり方　その1・その2」）を参考に、メロディーをつくります。オリジナルをつくるのが大変だったら、既成曲の替え歌でもかまいません。④からの活動に取り組む前に、いつもみんなで歌います。

④ 次に、子どもたちひとりひとりの"魔法使いとしての名前"を決めます。「ぼくはジャファー」「わたしはバンビ」など…。子どもたちは、名前を決めた魔法使いの絵を画用紙に描いて、イメージをふくらませます。

⑤ 「みんなの魔法使いは、どんな魔法がつかえるのかな？」保育者は、

子どもたちのアイディアを1枚1枚、カードに書いていきます。ひとつひとつの魔法をみんなで演じてみます。

例：空を飛ぶ魔法、雨を降らせる魔法、時間を止める魔法、大きくする魔法、小さくする魔法など

⑥　保育者は「どんな怪物がいたら、こわい？」「魔法使いになるためには、どんな試練があるかな？」と問いかけます。子どもたちは画用紙に怪物の絵や特徴、試練の舞台を描きます。考えた怪物や試練には、どんな魔法を使ったらいいか、みんなで相談します。

試練カードの一例：はしがこわれている、びょうきのおばあさんがたおれている、きれいなほうせきがおちているなど

⑦　最後に、魔法使いの衣装をつくりましょう。黒いポリ袋をマントに、新聞を丸めてステッキに、黒画用紙で魔法使いの帽子を作ります。思いのまま飾りをつけて、オリジナルな格好に仕上げます。ここまでが準備です。

※準備は、子どもたちと「おはなしの世界」を共有する大切な時間なので、テーマソングを歌ったり、衣装を着て魔法使いごっこをしたり、十分に時間をとるとよいでしょう。

●●●○みんなの魔法学校（発表会）

あそびかた

①　出演者みんなでテーマソングを歌って、劇のはじまりです。子どもたちは魔法使いの衣装を着て、魔法学校の入学式に出席します。次いで、保育者が"魔法学校の先生"として登場し、授業が始まります。日頃の魔法学校での授業の様子を表現してみてください。ふだんあそびなれていることなら、即興で授業風景が描けます。

　ダンスの先生……「まねっこダンス」（1－3、17ページ参照）
　音楽の先生………「ボリュームゼロ」（1－5、20ページ参照）で汚い声を出す発声練習

国語の先生………子どもたちにもできる「早口言葉」を練習など
② 　魔法学校での授業風景を演じた後、みんなで"卒業試験"に出かけます。卒業試験は、会場内をテーマソングに合わせて歩きながら、いろんな試練に出会う、という形にしたらよいでしょう。先生役の保育者が「あっ、向こうに怪獣がいる」「はしがこわれている」などと、用意しておいた怪物や試練のカードを引いて「どうしたらいいだろう？」とたずねます。子どもたちは自分たちの魔法で怪獣や試練に立ち向かえるかどうか、相談して決めます。はたしてみんなは無事、卒業試験に合格できるのでしょうか。見ている人も、ハラハラドキドキすることでしょう。

ひとことアドバイス

　発表会で演じる前に、ふだんの活動でしっかり時間をとって、「おはなしの世界」であそびます。発表会では、アドリブも入れながら、その場の雰囲気に合わせて、子どもたちとのコミュニケーションを楽しんでください。怪獣や試練のカードを複製して保育者や保護者に持ってもらい、引かれたカードを持っている人にその怪獣や試練を演じてもらうと、会場にいる人を巻き込んだ即興劇になります。テーマソングを随所で歌うと、劇としての統一感も生まれます。「魔法学校」のほかには「忍者学校」も人気です。（須崎）

4-7 紙芝居ミュージカルに挑戦

　4−2「○△□紙芝居」では、絵から発想してオリジナルストーリーをつくることに挑戦しました。この項では、オリジナルストーリーをもとに、この章で紹介した方法でテーマソングをつくり、「紙芝居ミュージカル」を演じてみましょう。

　「紙芝居ミュージカル」にすると、保育者が地の文を語るので、子どもたちはおはなしの進行に気をとられることなく、のびのびとパフォーマンスに集中できます。子どもたちがそれぞれ得意なことで活躍できるよう、全体の構成を考えましょう。

●●●紙芝居ミュージカルの制作

【準備するもの】楽器、衣装、小道具など
【対象年齢】5歳～6歳
【活動時間の目安】30～90分を2～10回
【ねらいと要領・指針】子どもたちはそれぞれ得意な分野で参加でき、主体的に何かを成し遂げる達成感が得られる。保育内容「人間関係」「言葉」「表現」に対応。

あそびかた

① 「○△□紙芝居」で作ったオリジナルストーリーに出てくる登場人物（動物や植物なども可）をリストアップし、子どもたちの希望を聞きながら役を振り分けます。ひとつの役を複数の子どもたちで演じるほうが、子どもたちも緊張することなくパフォーマンスに取り組めるでしょう。

『かえるの変身』（もともとの紙芝居）
かえるのおばけが出てきて「何か食べたい」と言いました。だんごをあげたらペロッと食べました。「もっと何か食べたい」と言うので、焼き魚をあげました。すると怪獣に変身しました。おしまい。

② 役ぎめの相談をしながら、登場人物の性格や展開を考えます。この相談を通して、ストーリーがどんどんふくらみ、役も増えることでしょう。

『かえるの変身』（発展形）
あるところに、かえるのおばけがいました。かえるのおばけはおなかがすいたので、弟子たちを連れてレストランに行きました。レストランの客はびっくりしました。かえるのおばけたちは「何か食べたい」と言いました。コックさんが料理します。だんごを出したらペロッと食べました。おばけたちが「もっと何か食べたい」と言うので、コックさんは焼き魚を出しました。満腹になったおばけたちは踊り出しました。しばらく踊ったら、怪獣に変身しました。おしまい。

③ 子どもたちは役ごとに集まって、パフォーマンスを考えます。パフォーマンスは、役割や場面を表わすものなので、どんなに短くてもOKです。保育者はポーズやインタビュー、セリフ、小道具、ダンス、楽器

演奏、コント、パントマイムなどのなかから、自分たちの得意なこと、できることでやってみよう、とアドバイスします。
④　次にテーマソングをつくり（4-3、4、5参照）、みんなで練習します。また、テーマソング以外に音楽を入れる場面を考えます（3-3、4参照）。
⑤　保育者が紙芝居の読み手になって全体の進行役になります。

紙芝居ミュージカルの進行例

①　紙芝居を中央に置き、その横に保育者が座ります。子どもたちは途中で使う楽器や小道具を用意し、紙芝居のまわりに観客のほうを向いて座ります。紙芝居が少し後ろになるように半円形に座ると、演じる子どもたちも紙芝居の絵を見ることができます。

②　保育者が「この紙芝居は、○○ぐみのみんなで作りました。はじまりはじまりー」と告げると、拍手を受けながらテーマソングをみんなで歌います。歌い終わったら保育者は紙芝居をめくりながら、語り始めます。

③　保育者が「あるところに、かえるのおばけと弟子がいました。かえるさんの登場です」と言うと、かえるのおばけと弟子役の子たちが立ち上がって、紙芝居の前まで出て、登場のポーズ。保育者の「はい、ありがとうございます」を合図に、子どもたちは元の場所に戻ります。

「〜の登場です」というセリフを言うと、子どもたちが登場しやすくなります。「〜さんの気持ちは？」「〜さんはこう言いました」という言葉も、子どもたちの自然な発話を促すでしょう。

④　かえるのおばけと弟子たちがレストランに到着するところまで話が進んだら、保育者はレストランの客に「大変なことが起きましたね。レストランにかえるのおばけがあらわれましたよ。今の気持ちは？」とインタビュー。保育者はインタビュー形式を多用して、全体の進行役になるようにします。レストランの客役の子は「こわいです」「でも、ごはん食べます」などと答えるでしょう。

⑤　保育者の「かえるのおばけたちはこう言いました」をきっかけとして、かえるのおばけと弟子役はあらかじめ打ち合わせておいたセリフを言います（その場のやりとりを楽しみたかったら、即興でもよいでしょう）。

第4章　オリジナル作品をつくろう

⑥　保育者が「コックさんの登場です」と言うと、帽子をかぶりフライパンやフライ返しなどの小道具を持ったコックさん役が登場し、料理をするパントマイムをします。このとき、2-4「楽器でクッキング」（47ページ参照）などを活用して、打楽器リズムによるパフォーマンスをしてもよいでしょう。

⑦　保育者が「コックさんは何を持っているんですか？」と聞くと、コックさん役の子は「だんごです」と答えます。だんご役3人と串役の子はダンスをしながら登場。

⑧　その後、だんごがつくられて串にささって皿にのって運ばれてくるまでをテーマにしたコント。かえるのおばけたちはだんごを食べるパントマイム。

⑨　保育者が「コックさんは焼き魚をあげました。」と言うと、海で泳いでいた魚が釣られて、皿にのせられて運ばれてくるまでをテーマにしたパフォーマンス。かえるのおばけたちは焼き魚も食べてしまいます。

⑩　保育者の「すると、満腹になったおばけたちは踊りだしました」を合図に、おばけたちのダンスと楽隊の楽器演奏。おばけたちにつられて、レストランの客やコックさんなど、演奏していない子どもたちが踊りだしたり、楽隊が楽器を鳴らしながら踊ってもよいでしょう。保育者が「お客さんもごいっしょに！」と促しても楽しいですね。

⑪　踊り終わって子どもたちは元の場所に戻ります。保育者が「しばらく踊ったら、かえるのおばけたちは怪獣に変身しました」と言うと、怪獣役が「がおー」と大きな声でセリ

フを言います。保育者が「よかったね、おしまい」とまとめたあと、もう一度みんなでデーマソングを歌います。

〔毎日の活動から発表会までの展開例〕
ステップ1：「○△□紙芝居」や、遠足、おいも掘り、プール開きなどの行事に合わせて、思い思いに絵を描く
ステップ2：絵からオリジナルストーリーを作る
ステップ3：テーマソングの歌詞を考える（あるいは、歌詞に入れたい言葉を出し合う）
ステップ4：テーマソングのメロディーをつくる
ステップ5：登場人物をリストアップして、役を振り分ける
ステップ6：それぞれの役のパフォーマンスを考える
ステップ7：テーマソング以外の挿入曲や効果音を作る
ステップ8：衣装や小道具を作る（あるいは、持ち寄る）
ステップ9：紙芝居を読みながら、テーマソングや挿入曲、それぞれのパフォーマンスを演じてみる
ステップ10：みんなの前で発表する

ひとことアドバイス

　ここで紹介したものは一例です。本書で紹介したあそびを随所に取り入れて、おはなしにふくらみを持たせてもよいでしょう。たとえば、料理の場面では「楽器でクッキング」、海のシーンでは魚たちによる「おさんぽあそび」や「まねっこダンス」など。既成の作品を上演するよりも、練習時間は短くても大丈夫。セリフを言い間違えるなどのハプニングが起きても、そもそもオリジナルなのだから気にする必要はありません。読み手の保育者がフォローして、即興としての面白さを見ている人に伝えましょう。（林）

オリジナルのつくり方 Q&A

Q13 ♡ 作曲やおはなしづくりは難しくないですか？

■再現できるものを
「作品」と呼ぶ

子どもたちが大好きな楽器の「でたらめ弾き」も、立派な「オリジナル」です。でたらめな即興表現こそ、作曲の出発点なのです。「作品」というと、何となく完成度の高いものを思い描いてしまいますが、即興表現が作品になるかどうかは、完成度ではなく、「再現できるかどうか」にかかっています。再現できるものを「作品」と呼ぶのだ、と発想を変えてみましょう。こう考えると、創作への心理的な障壁が取り除かれると思います。

作曲に関しても、五線紙に正しく楽譜を書かなければならない、という思い込みから自由になり、絵や文字を用いて、自分たちがあとから思い出して再現できるようにしておけば、大丈夫です。
（須崎）

Q14 ♡ 子どもからちょっと気まずくなる言葉が出てきたときは、どうすればいいですか？

■保育者が「仲間」として
感じたことを伝える

歌やおはなしを作っているときに、そういう言葉が出ると、ちょっと困ってしまいますね。ただ、その子どものなかに、そういう言葉が出てくる理由や背景があるはずなので、頭ごなしに使わないと決めつけないで、率直に聞いてみましょう。たとえば「その言葉が出てくると、ドキッとするなあ。どうしてそうしたいの？」というふうに。「道徳」とか「常識」ではなく、保育者がいっしょにあそぶ仲間のひとりとして、感じたことをそのまま伝えるとよいでしょう。いわゆる上から目線ではなく、ひとりの仲間として、お互い納得できる方法を考えるようにします。ちなみに私の経験では、ドキッとするような気まずい言葉が出てきても、本当に「いらないな」と思えるものは、子どもたちのやりとりのなかで自然に「いらないね」という感じになってきます。その言葉を出した子ども自身が取り下げることも、よくあります。（林）

Q15 ♥ 他の子どもや大人の意見をすぐ却下（否定）する子が いるときは、どうしたらいいですか？

■みんなが納得する
　理由を説明する

出された意見はなるべく却下（否定）されず、参加している誰もが自由に発言できるよう配慮されると、アイディアが出やすくなります。それでも人の意見を却下（否定）する子がいたら、みんなが納得する理由を説明し、代わりの案を出してもらうように伝えましょう。たとえば、「そんなのつまんないよ」という子どもがいたら、「えっ、なんでつまらないの？」「じゃあ、どうしたらいいと思う？」とたずねます。そこですぐに代わりの案が出ないのであれば、「思いついたらあとで教えてね」と言って、それまでの流れに戻り、話し合いを続けます。（林）

Q16 ♥ オリジナル作品をみんなの前で発表するときは、 どういうことに気をつけたらいいですか？

■大きく、ゆっくり、
　しっかり話す

作っているときは子どもたちが楽しければそれでよいのですが、保護者や地域の方などをお招きする場合は、見ている方にも面白さが伝わるようにしましょう。そのため、意味がわからないと楽しめない箇所は、きちんと説明します。始まる前でもいいし、パフォーマンスの最中に「はいみなさん、ここは笑うところですよ！」などとツッコミを入れてもよいと思います。

そして、説明やセリフが聞き取れるよう、大きな声で、ゆっくりしゃべりましょう。特に説明やセリフは、緊張するとどんどん速くなるので、要注意です。少しやりすぎかなと感じるくらいゆっくりしゃべって、ちょうどよいのです。そのとき、表情もしっかり大きくすると、さらに伝わりやすくなります。たとえば、歌舞伎の所作ぐらいゆっくり大げさにしても、客席から見ると、少しも大げさでないことがわかります。（林）

Q17 ♥ 保育者も発表したほうがいいでしょうか？

■保育者も「発表」を楽しむ

娘の幼稚園の入園式に出席した時のこと。ホールに集まった子どもたちの前で、先生方の自己紹介が始まりました。先生方は、ホ

ールのいろいろな場所から、ひとりずつ、歌いながら登場。まるでミュージカルみたいです。「♪かつ丼、やきにく、ショートケーキ。食べるの大好き、○○先生」

最後に園長先生が「♪おうまに乗るのもじょうずだよ。スキップがとくいな、園長先生」と歌いながら、大きくスキップして登場。黒のスーツ姿の園長先生のまさかの動きに、入園したての子どもたちも、みんな笑いだして、「おもしろいー」「えんちょうせんせい、おもしろすぎるー」と言いながら、園長先生の周りに駆け寄っていく場面もあり、すごくほほえましい光景でした。はじめて園長先生に出会った子どもたちが急に打ち解けて、大勢で駆け寄って行ったのですから、ねらいとしては大成功です。娘も家に帰ってから、「えんちょうせんせいのすきっぷ、すごかったねー」と話題にしていました。

保育者もいろいろな場面で「発表（パフォーマンス）」を取り入れて、子どもたちに披露しましょう。言葉で話すより、子どもたちに大きな印象を与えることでしょう。何より子どもたちにとって、先生はスター的存在であり、憧れの存在なのです。その地位を利用して、保育者がその立場をしっかり楽しみましょう。その楽しさは、子どもたちにきっと伝わっていくと思います。（須崎）

■発表の機会をどう作るか

保育者が「発表（パフォーマンス）」しようと思っても、なかなかその機会がないかもしれません。学芸会やお楽しみ会などのイベントで、保育者が発表するコーナーを設けるという手もありますが、現実には、子どもたちの発表の準備で忙しく、そこまで手が回らないことが多いのではないでしょうか。子どもたちが主役のイベントでは、子どもたちに注目を集めたいという気持ちもあるでしょう。

またまた娘の通う幼稚園の話ですが、この幼稚園では、運動会のお弁当の時間、空いたグラウンドの真ん中で、先生方による演劇が行われるのが恒例でした。舞台として、グラウンドの真ん中は扱いにくい面もありますが、お弁当を食べながらの観劇は、気楽な気分満載です。先生方も演じることを楽しんでいました。

演劇は手間がかかって大変と思えても、歌や楽器演奏、ハンドベルの合奏などなら、楽譜の用意や練習さえできれば、意外と簡単に発表できることもあります。その場合も、オリジナルな要素を加えて、保育者が創作活動を楽しむようにしてみてください。子

どもたちも、創作活動を身近に感じるようになるはずです。(須崎)

Q18 ♥ 発表会を準備する時間を、どのように確保したらよいでしょうか？

■ふだんの活動を準備に変えてしまう

学芸会やお楽しみ会といった発表会的なイベントだけでなく、毎日の保育活動のなかでも、「発表（パフォーマンス）」を取り入れてみましょう。

まず、発表の「テーマ」を決めます。そうすると、絵を描くことも、工作をすることも、折り紙も、すべて発表会に向けての準備作業に早変わりします。

「今度は忍者のおはなしをつくるから、みんなで手裏剣、たくさん作っておこうね」

「刀や武器もいるんじゃない？」

「秘密の巻物をつくってみようか。巻物みたいにみえるよう、変な色で塗ってみよう」

子どもたちもテーマがあると、大喜びで創作活動に参加してくれるようになります。毎日の保育活動のなかで、子どもたちの意見をたくさん取り入れましょう。

「秘密の基地をつくろうよ」　→　ダンボールで基地をつくります

「この落ち葉、忍者が隠れるのにちょうどいいね」　→　落ち葉を拾います

こうして、でき上がった作品には、子どもたちも達成感でいっぱいです。せっかくだから、他のクラスのお友だちにも見せたい。
　→　作品を披露したい。そこで登場するのが、「ミニ発表会」です。(須崎)

■他のクラスや先生方に見てもらう

「ミニ発表会」として、他のクラスのお友だちを招待する日を決めます。日程は、準備の状況や園の予定を考慮して、保育者が決めます。あまり急で準備が大変になったり、余裕がありすぎて気持ちが入らなかったり、ということのないよう、適切な日程を設定します。招待状やポスターなども子どもたちで作成して、園内でわかるよう、告知します。先生方に1枚ずつチケットを配る、というのもいいですね。

気持ちを盛り上げて、いざ発表。「ミニ発表会」は、園のお友だちや先生方が観客です。大人の視点から見た完成度の高さは求めません。子どもたちの自主的な創作意欲を育てるのが目的なので、失敗も含めて、子どもたちから出てきたものを尊重しましょう。セリフがうまく言えなかったり、恥ずかしくなって劇に出たくないと言い出したり…。失敗もたくさんあるかもしれません。でも、うまくいかなくていいのだ、と考えましょう。失敗が許される、あたたかい雰囲気のなかで、子どもたちの創作意欲がそがれることなく、大きく育っていくことを望みます。(須崎)

Q19 ♥ つくった曲にどう変化を持たせたらいいでしょうか?

■曲の構成について

作曲に決まりはありませんが、ふだんよく耳にする曲の構成を参考にすると、変化に富んだ曲づくりができます。歌は特殊なものでなければ、たいてい「Aメロ」「Bメロ」「サビ(もしくはCメロ)」などと呼ばれる部分の組み合わせでできています。「Aメロ」は最初に出てくるメロディーで、その曲のなかで一番落ち着いている部分。「Bメロ」はその次に出てくるメロディーで、Aメロより少し盛り上がる。「サビ(Cメロ)」は一番盛り上がる部分、など。童謡を例にとると、「きらきらぼし」はA-B-A、「ちゅうりっぷ」はA-A-B、「ちょうちょ」はA-A-B-A、「かえるのうた」はA-B-C-Aです。と言っても、Aメロしかなくても曲は作れますし、「かえるのうた」のように、Cメロが盛り上がらない曲もあります。

はじめてメロディーをつくるときは、Aメロの繰り返しでも十分ですし、Aメロだけでは物足りない、と感じたら、AメロとBメロの2種類を作り、「ABA」「AAB」「AABA」「AB」などから構成を選ぶのがおすすめです。(林)

Q20 曲を作るとき、メロディーと伴奏が合っているかよくわからないのですが…。

■あまり気にしなくて大丈夫

メロディーと伴奏が「合っているかどうか」は、一般的に「西洋音楽の和声法で許容される響きかどうか」ということになると思

いますが、保育の現場では、あまり気にしないでおきましょう。世界には実にさまざまな音楽があり、ある音楽で「合って」いたものが、別の音楽では「合わない」ことがいくらでもあります。逆に、ある音楽で「合わない」とされるものが、他の音楽ではむしろ「かっこいい」とされている場合もよくあります。「合ってない」気がする部分が多少あっても、曲を作っている保育者と子どもたちが「これもあり！」と思うのであれば、それでいいのです。「なんか不思議」と思ったとしても、たまには思い切ってその「不思議さ」を楽しんで受け入れてみると、価値観を広げるきっかけにもなるのではないでしょうか。（林）

■ハーモニー感は「慣れ」の要素が大きい

西洋音楽でも、中世の時代までは「ドミソ」の和音は不協和音に聞こえたそうです。「ドミソ」の「ミ」はもともと緊張感を持った音なのですが、現代の私たちの耳には「ドミソ」の和音はとても調和して響きます。また、ジャズでよく使用されるぶつかり合った不協和音も、ジャズっぽい響きに欠かせないおなじみの音になっています。この例からもわかるように、合っている、合っていないという感覚は、その音に対する「慣れ」の要素が大きい、ということなのです。自分たちがつくった不思議な音楽も、何度か繰り返しているうちに、違和感なく「音楽」として立ち現われてくるかもしれませんね。（須崎）

付録：年間保育計画と本書活動の展開例

幼稚園や保育園の年間を通じた教育（保育）計画のなかに、本書の活動内容をどう取り込むか、ひとつの展開例を考えてみました。各園の教育（保育）方針によって、さまざまな行事予定があり、日頃の表現活動への取り組みもさまざまでしょう。各園の実情に応じて、自由に展開を考えてください。ただ、子どもの年齢によらず、全体に言えることは、年度始めはまずじっくりと、身体と声を使ったあそびを繰り返し楽しみ、自己表出と他者を受け止めることに慣れます。そののち、次第に楽器を用いたあそびや、オリジナルづくりの活動へと進むのがよいでしょう。

月	旬	行事予定（例）	月間目標（例）	年長組（例）	年中・年少組（例）	乳児組（例）
4月	上旬	入園式	新しい環境に慣れる	1-4 おはようのうた	1-4 おはようのうた	1-4 おはようのうた
	中旬	お花見		1-2 ばらの花輪	1-2 ばらの花輪	1-7 おさんぽあそび
	下旬	いも苗植え		1-7 おさんぽあそび（お花畑）	1-7 おさんぽあそび（お花畑）	1-3 きのこたいそう
5月	上旬	絵を描く会	友だちと触れ合う	1-3 きのこたいそう	1-3 きのこたいそう	1-4 おはようのうた
	中旬	春の遠足		1-3 まねっこダンス	1-1 もちつき	1-7 おさんぽあそび（お花畑）
	下旬			1-4 すきなおやつはなに？	1-3 きのこたいそう	1-3 きのこたいそう
6月	上旬	参観日	友だちとあそぶ	1-5 ボリュームゼロ	1-8 おさんぽあそび（雨の日）	1-4 おはようのうた
	中旬			1-8 おさんぽあそび（雨の日）	1-9 ねことねずみ	1-8 おさんぽあそび（雨の日）
	下旬			2-3 かみなり太鼓	2-3 かみなり太鼓	1-3 きのこたいそう
7月	上旬	七夕祭り	夏の季節感を感じる	2-4 雨の音楽	1-8 おさんぽあそび（雨の日）	1-4 おはようのうた
	中旬	夕涼み会		2-6 楽器のおばけ屋敷	2-4 雨の音楽	1-8 おさんぽあそび（雨の日）
	下旬	水あそび		1-2 打ち上げ花火	1-2 打ち上げ花火	1-2 打ち上げ花火
8月	上旬	（お泊り会）	水あそびに親しむ	1-6 ブルーシートの海	1-6 ブルーシートの海	1-6 ブルーシートの海
	中旬				（夏休み）	
	下旬	水あそび		1-9 おおかみさんがふりむいた！	1-3 まねっこダンス	1-2 打ち上げ花火

月	旬	行事予定（例）	月間目標（例）	年長組（例）	年中・年少組（例）	乳児組（例）
9月	上旬		みんなで協力する	1-11 季節の音ダンス	2-3 かみなり太鼓	1-4 おはようのうた
	中旬			3-2 なりきりあそび（シンデレラ）	1-9 おおかみさんがいた！	1-9 ねことねずみ
	下旬			1-1 ゴムあそび	1-3 まねっこダンス	1-3 まねっこダンス
10月	上旬	秋の遠足	からだを動かしてあそぶ	1-10 ぴ・ぬ・さ・ゆ	1-2 ばらの花輪	1-2 ばらの花輪
	中旬	作品展		2-7 楽器の輪	1-9 おおかみさんがぶりむいた！	1-9 おおかみさんがいた！
	下旬	いも掘り		1-7 おさんぽあそび（落ち葉）	1-7 おさんぽあそび（落ち葉）	1-7 おさんぽあそび（落ち葉）
11月	上旬	参観日	秋の行事を楽しむ	※なりきりあそび（いもほり）	※なりきりあそび（いもほり）	※なりきりあそび（いもほり）
	中旬			2-2 どんぐりのたいこ	2-2 どんぐりのたいこ	※なりきりあそび（いもほり）
	下旬			2-9 音のリレー	2-2 どんぐり木琴	1-2 ばらの花輪
12月	上旬	観劇会	自分の考えを伝える	2-10 音の喜怒哀楽	1-7 おさんぽあそび（落ち葉）	1-7 おさんぽあそび（落ち葉）
	中旬	お楽しみ会		2-11 おしゃべり音楽	2-4 楽器でクッキング	1-9 おおかみさんがふりむいた！
	下旬	クリスマス		2-12 ダンス指揮	2-5 音のしっぽ	1-3 まねっこダンス
1月	上旬	お正月	冬の季節感を感じる	1-1 もちつき	1-1 もちつき	1-1 もちつき
	中旬	たこあげ大会		1-7 おさんぽあそび（雪）	1-7 おさんぽあそび（雪）	1-7 おさんぽあそび（雪）
	下旬			4-1 ひととこ昔話	3-2 なりきりあそび（シンデレラ）	3-2 なりきりあそび（シンデレラ）
2月	上旬	節分	発表会に向けての準備	4-2 ○△□紙芝居	1-4 すきなおやつはなあに？	1-1 もちつき
	中旬	お茶会		4-6 魔法学校	1-7 おさんぽあそび（雪）	1-7 おさんぽあそび（雪）
	下旬				1-4 すきなおやつはなあに？	1-3 まねっこダンス
3月	上旬	ひな祭り	1年の成長を感じ取り、認め合う	4-7 紙芝居ミュージカル	2-3 鍵盤ハーモニカではら	2-3 鍵盤ハーモニカではら
	中旬	発表会		1-7 おさんぽあそび（お花畑）	1-7 おさんぽあそび（お花畑）	
	下旬	卒園式			（春休み）	

[著者および監修者プロフィール]

須崎朝子（すざき あさこ）
音楽教育家。広島大学大学院教育学研究科博士課程後期修了（教育学博士）。
2014年までに社団法人全日本ピアノ指導者協会（PTNA）指導者賞を6回受賞。
2015年4月より広島都市学園大学子ども教育学部子ども教育学科准教授。

林 加奈（はやし かな）
音楽家・美術家・紙芝居師。鍵盤ハーモニカ・おもちゃ楽器演奏・即興歌・音遊びなどで演奏活動やワークショップを行う。絵から発想した物語に音楽や実演を加えた紙芝居パフォーマンスも展開。子どもたちとのコラボレーションにより総合芸術作品を作るプロジェクトを数多く手がけている。
東京藝術大学絵画科油画専攻大学院修士課程修了。
http://kananaga.seesaa.net/

深見友紀子（ふかみ ゆきこ）
京都女子大学発達教育学部児童学科教授。
東京藝術大学大学院修士課程（音楽教育専攻）修了。
深見友紀子ミュージック・ラボ代表。
http://www.ongakukyouiku.com/

幼稚園・保育園で人気の
創造性を育む　音楽あそび・表現あそび
毎日の活動から発表会まで

2012年8月10日　第1刷発行
2021年4月30日　第4刷発行

著　　者	須崎朝子、林 加奈
監 修 者	深見友紀子
発 行 者	堀内久美雄
発 行 所	東京都新宿区神楽坂6-30
	株式会社　音楽之友社
	電話 03(3235)2111〈代〉
	郵便番号 162-8716
	https://ongakunotomo.co.jp
本文設計・組版	office SunRa
イラスト	林 加奈
印　　刷	星野精版印刷
製　　本	ブロケード

©2012 by Asako Suzuki and Kana Hayashi
Printed in Japan
日本音楽著作権協会（出）許諾第1208972-104号
この著作物の全部または一部を権利者に無断で複製（コピー）することは、著作権の侵害にあたり、著作権法により罰せられます。
落丁本・乱丁本はお取替えいたします。
ISBN978-4-276-31224-1　C1073